令和7年版

根本正次のリ

司法

8 憲法

はじめに

本書は、初めて司法書士試験の勉強にチャレンジする方が、本試験突破の「合格力」を無理なくつけるために制作しました。

まず、下の図を見てください。

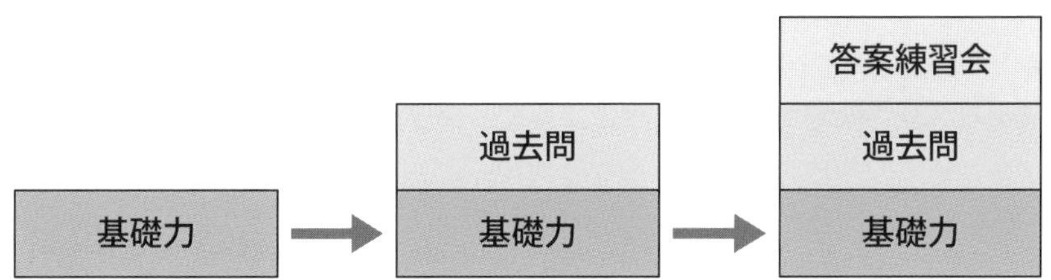

これは、司法書士試験での、理想的な知識の入れ方のイメージです。

まず、がっちりとした基礎力をつけます。この基礎力が備わっていれば、その後の部分は演習をすることで、徐々に知識を積み重ねていくことが可能になります。

私は、**この基礎力のことを「合格力」と呼んでいます**。

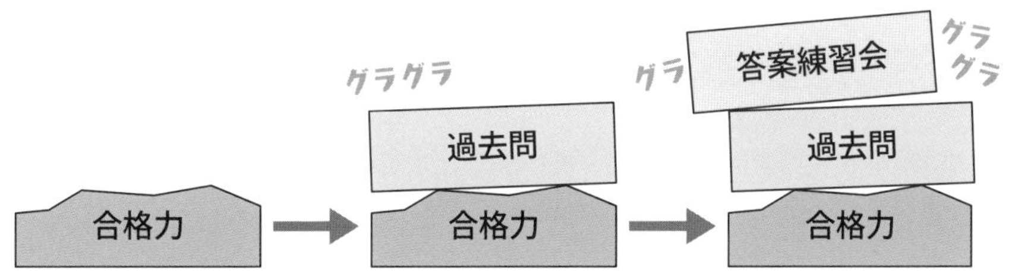

この合格力がついていないと、いくら勉強しても、知識を上積みすることができず、ドンドンと抜けていってしまいます（これまでの受験指導の中で、こういった受験生を本当に多く見ています…）。

本書は、まさにこの**「合格力（＋ある程度の過去問知識）」をつけるための基本書です**。

本書では、この「合格力」をつけるためにさまざまな工夫をしています。

①「合格に必要な知識」だけを厳選して掲載。

学問分野すべてを記載するのではなく、司法書士試験に出題がある部分（または今後出題される可能性が高いもの）に絞った記述にしています。学問的に重要であっても、「司法書士試験において必要かどうか」という観点で、論点を大胆に絞りました。

覚えるべき知識量を抑えることによって、繰り返し学習がしやすくなり、スムーズに合格力がつけられるようになります。本書を何度も通読し、合格力がついてきたら、次は過去問集にチャレンジしていきましょう。

②初学者が理解しやすい言葉、言い回しを使用。

本書は、司法書士試験に向けてこれから法律を本格的に学ぶ方のために作っています。そのため、**法律に初めて触れる方でも理解しやすい言葉や言い回しを使っています**。これは「極めて正確な用語の使い回し」をしたり、「出題可能性が低い例外を説明」することが、「必ずしも初学者のためになるとは限らない」という確固たる私のポリシーがあるからです。

③実際の講義を受けているようなライブ感を再現。

生講義のライブ感そのままに、話し言葉と「ですます調」の軟らかな文体で解説しています。また、できるだけ長文にならないよう、リズムよく5～6行ごとに段落を区切っています。さらに文章だけのページが極力ないように心掛けました。

④「図表」→「講義」→「問題」の繰り返し学習で知識定着。

1つの知識について、「図表・イラスト」、「講義」、「問題」で構成しています。そのため、本書を読み進めるだけで、**1つの知識について、3つの角度から繰り返し学習ができます**。また、「図表」は、講義中の登場人物の心境や物語の流れを把握するのに役立ちます。

⑤本試験問題を解いて実戦力、得点力アップ。

試験で落としてはいけない「基本知識」の問題を掲載。講義の理解度をチェックし、実戦力、得点力を養います。基礎知識を確認するための問題集としても使えます。

最後に

2002年から受験指導を始めて、たくさんの受験生・合格者を見てきました。

改めて、司法書士試験の受験勉強とは何をすることかを考えると、

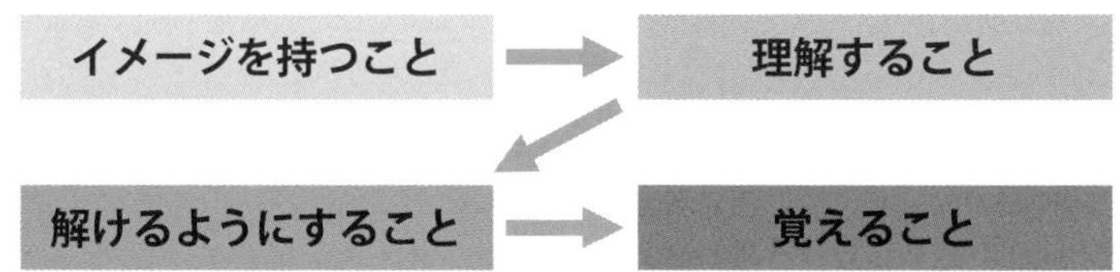

このプロセスを丹念に踏むことに尽きると思っています。

学習のスタートは、早ければ早いほど合格に近づきます。

しかし、いざ学習を始めるに当たり、「自分にできるかどうか」という不安をもっている方も多いのではないでしょうか。

ですが、**司法書士試験に今までの学習経験・学歴は、一切関係ありません。出題される知識を、「繰り返す」「続ける」努力を続けた人が勝つ試験です**。

本書は、いろいろな方法で学習を始めやすい・続けやすい工夫を凝らしています。安心して、本書を手に取って学習を始めてみましょう。

2024年5月

LEC専任講師　根本 正次

◆本書は、2024年5月1日現在成立している法律に基づいて作成しています。

●本書シリーズを使った学習法

STEP 1　本書を通読＋掲載されている問題を解く（1～2周）※　ただし「2周目はここまで押さえよう」の部分を除く

まずは、本書をあたまから順々に読んでいってください。

各章ごとに、「問題を解いて確認しよう」という問題演習のパートがあります。それを解くことによって、知識が入っているかどうかを確認してください。ここの問題を間違えた場合は、次に進む前に、該当箇所の復習をするようにしてください。

STEP 2　本書の「2周目はここまで押さえよう」の部分を含めて通読する　＋　問題を解く（2周以上）

本書には「2周目はここまで押さえよう」というコーナーを多く設けています。この部分は、先の学習をしないとわからないところ、知識の細かいところ、基本知識が固まらないうちに読むと消化不良を起こす部分を記載しています。

STEP 1を数回クリアしていれば、この部分も読めるようになっています。ぜひ、この部分を読んで知識を広げていってください（法律の学習は、いきなり0から10まで学ぶのではなく、コアなところをしっかり作ってから、広げるのが効率的です）。

STEP 3　本書の姉妹本「合格ゾーン ポケット判択一過去問肢集」で演習をする　＋　「これで到達合格ゾーン」のコーナーを参照する

ここまで学習が進むとアウトプット中心の学習へ移行できます。そこでお勧めしたいのが、「合格ゾーン ポケット判択一過去問肢集」です。こちらは、膨大な過去問集の中からAAランク・Aランクの知識に絞って演習ができる教材になっています。

そして、分からないもの、初めて見る論点があれば、本書の「これで到達合格ゾーン」の個所を見てください。

ここには、近年の司法書士試験の重要過去問について、解説を加えています。
この部分を読んで、新しい知識の記憶を強めていきましょう。
（そして、学習が深化してきたら、「これで到達合格ゾーン」の部分のみ通読するのも効果的です。）

STEP 4　ＬＥＣの答案練習会・公開模試に参加する

本試験では、過去問に出題されたとおりの問題が出題されたり、問い方を変えて出題されたりすることがあります。
また、本試験の２～３割以上は、過去に出題されていない部分から出されます。

こういった部分の問題演習は、予備校が実施する答練で行うのが効率的です。
ＬＥＣの答練は、
・過去問の知識をアレンジしたもの
・未出知識（かつ、その年に出題が予想されるもの）
を出題していて、実力アップにぴったりです。
どういった模試・答練が実施されているかは、是非お近くのLEC各本校に、お問い合わせください。

TOPIC　令和６年度から記述式問題の配点が変更！　より要求されるのは「基礎知識の理解度」

令和６年度本試験から、午後の部の配点が、択一の点数（１０５点）：記述の点数（１４０点）へと変更されました。
「配点の多い記述式の検討のため、択一問題を速く処理すること」、これが新時代の司法書士試験の戦略です。
そのためには、基礎知識を着実に。かつ、時間をかけずに解けるようにすることが、特に重要になってきます。

●本書の使い方

本書は、図表➡説明**という構成になっています**（上に図表があり、その下に文章が載っています）。

本書を使うときは、「図表がでてきたら、その下の説明を読む。その講義を読みながら、上の図表を見ていく」、こういうスタイルで見ていってください。

そして、**最終的には、「図表だけ見たら知識が思い出せる」というところを目標にしてください。**

イントロダクション

この編で何を学んで行くのかの全体像がつかめます。この内容を意識しながら学習を進めるといいでしょう。

章の初めには、「どういったことを学ぶのか」「どういった点が重要か」という説明が書かれています。この部分を読んでから、メリハリをつけて本文を読みましょう。

基本構造

本書の基本構造は「図表➡その説明」となっています。「図表を軽く見る➡本文を読む➡図表に戻る」という感じで読んでいきましょう。

第2編 民法の基礎知識

ここから民法の基礎知識を14個のテーマに分けて、見ていきます。この14個のテーマを学習した後に、第3編以降で細かく受験の論点を追いかけていきましょう。

～代理人は本人の代わりなので、ちゃんとした人で～

第1章 代理制度

これからやる代理という制度は、本試験で多くの出題があるところです。
まずは、①そもそも代理というのはどういう制度なのか、②代理が成立するための要件は何か、③頼まれてもいないのに代理した場合はどうなるか、こういったことを学習しましょう。

第1節 任意代理

図表

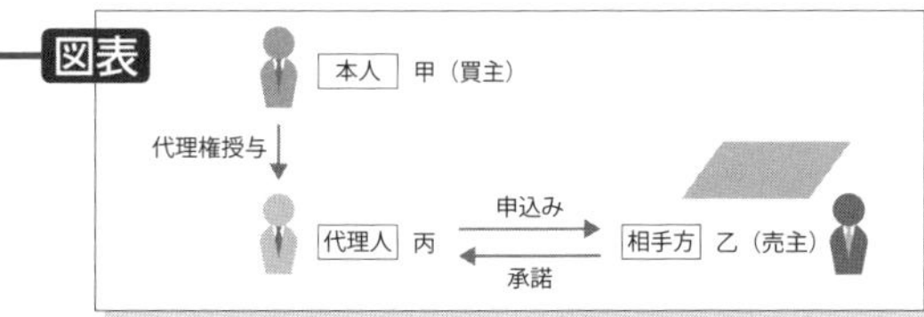

説明 甲は、丙に、「乙の土地が欲しいから、値段交渉をして買ってきて欲しい」と頼みました。

2　LEC東京リーガルマインド 令和7年版 根本正次のリアル実況中継 司法書士 合格ゾーンテキスト 1 民法Ⅰ

根本講師が説明！ 本書の使い方Web動画！

本書の使い方を、著者の根本正次ＬＥＣ専任講師が動画で解説します。登録不要、視聴無料で、いつでもアクセスできます。

本書の構成要素を、ひとつひとつ解説していき、設定の意図や留意点などを分かりやすく説明していきます。

是非、学習前に視聴していただき、本書を効率よく使ってください。

※スマートフォン等による視聴の場合、パケット通信料はお客様負担となります。

◆アクセスはこちら

◆二次元コードを読み込めない方はこちらから
https://www.lec-jp.com/shoshi/book/nemoto.html

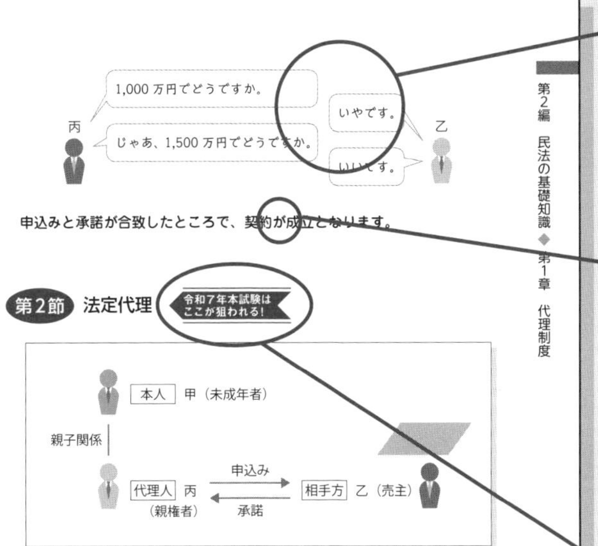

会話調のイラスト

流れや状況を会話調のイラストにすることにより、イメージしやすくなり、理解が早まります。

本文

黒太字：知識の理由となっている部分です。理由付けは理解するためだけでなく、思い出すきっかけにもなるところです。
赤太字：知識として特に重要な部分につけています。

令和７年本試験はここが狙われる！

令和７年本試験で狙われる論点をアイコンで強調表示しています。

条文

本試験では条文がそのまま出題されることがあります。覚える必要はありませんが、出てくるたびに読むようにしてください。

※上記は見本ページであり、実際の書籍とは異なります。

図に表示されている矢印の違い

本書には数多くの図が掲載されていますが、掲載されている矢の形で意味合いが異なってきます。

本人 甲（未成年者）

親子関係

申込み

代理人 丙（親権者）

承諾

相手方 乙（売主）

覚えましょう

試験問題を解答していく上で、欠かせない重要な部分です。読んだ後、この箇所を隠して暗記できているかを確認していきましょう。

覚えましょう

代理行為が成立する要件

① 本人 甲が権利能力を有すること
② 代理人 丙が代理権を有すること
③ 代理人 丙が 相手方 乙に対して顕名をすること
④ 代理人 丙と 相手方 乙との間に有効な契約が成立すること

理行為が有効に成立するためには、①から④までの要件が必要です。
この4つをすべてクリアすると、直接甲に効果帰属します。

（1）権利能力について

Point

その単元の特に重要な部分です。この部分は特に理解することをこころがけて読んでください。

Point

権利能力：権利義務の帰属主体となりうる地位
→「人」が持つ
→「人」とは、自然人・法人

権利能力とは、私は「**権利を持てる能力、義務を負える能力**」と説明しています。

そして、この**能力を持つのは、人**です。

法律の世界で人といった場合は、**自然人と法人**を指します。

4　LEC東京リーガルマインド　令和7年版　根本正次のリアル実況中継
司法書士 合格ゾーンテキスト 1 民法Ⅰ

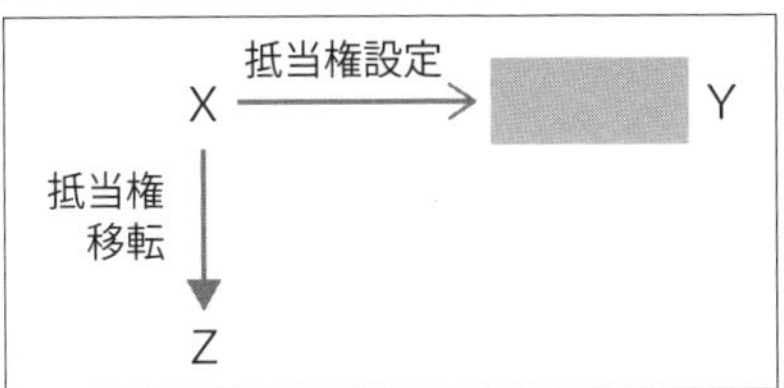

流れを示しています。権利や物がその方向で動いていると思ってください。（太い矢印 や 細い矢印）
※太さが異なっても意味は同じです。

債権、所有権、地上権などの権利を差しています。誰が権利をもっていて、どこに向かっているかを意識してみるようにしてください。

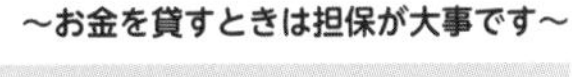

第3章 債権者平等の原則と担保物権

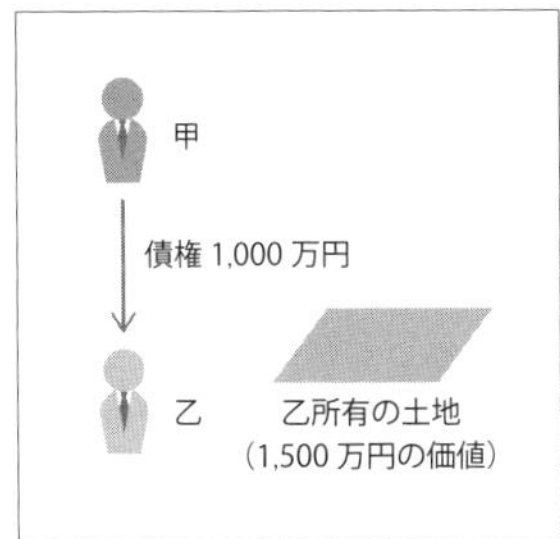

甲と乙が「1,000万円貸す」という借金契約をしました（この借金契約のことを、法律では、金銭消費貸借契約と呼びます）。

この場合、甲から乙に対し貸金債権が発生します。これは、「貸したお金を返せ」と請求できる権利です。

取引の常識
甲は、乙に金を貸す際に、乙の資産状態（資力ともいう）を確認してから貸す

問題を解いて確認しよう

1	金銭消費貸借契約をすることによって、抵当権は当然に設定されたこととなる。〔オリジナル〕	×

ヒトコト解説

1 借金の契約とは別に、抵当権をつけるという契約をしないと抵当権は設定されません。

根本のフキダシ

根本が考える「この部分は、こう考えるといいよ」という理解の方向性を示している部分です。

問題を解いて確認しよう

ここまでの理解を確認します。理解していればすぐに解ける肢を、主に過去問からセレクトしていますので学習の指針にしてください。また、出題年度を明記しています。

例：〔13-2-4〕→平成13年問題2の肢4

×肢には「ヒトコト解説」が付いてくるので、なぜ誤っているかはここで確認してください。

※上記は見本ページであり、実際の書籍とは異なります。

目 次

はじめに i
本書シリーズを使った学習法 iv
本書の使い方 vi

第1編 司法書士試験と憲法 2

第2編 はじめに 4

第1章 憲法は何のためにあるの？ 4

第2章 人権とは 8

第1節 人権とは 8
第2節 人権の分類 9
第3節 公共の福祉 11

第3章 統治とは 13

第1節 統治の全体像 13
第2節 権力分立 17
(1) 国会と内閣の関係 18
(2) 国会と裁判所の関係 19
(3) 内閣と裁判所の関係 19
第3節 地方自治 19
第4節 まとめ 21

第3編　人権　22

第1章　精神的自由権　22

第1節　思想・良心の自由 23
第2節　信教の自由と政教分離 28
第3節　学問の自由 38
第4節　表現の自由 43

第2章　経済的自由権　58

第1節　職業選択の自由 58
第2節　居住・移転の自由 65
第3節　財産権 67

第3章　人身の自由　75

第4章　参政権　82

第5章　社会権　84

第1節　生存権 84
第2節　教育を受ける権利 88
第3節　労働基本権 90

第6章　包括的基本権　94

第1節　幸福追求権 94
第2節　法の下の平等 101

第7章　人権総論　109

第1節　人権の享有主体　109
第2節　人権の限界　117
（1）私人間的効力　117
（2）特別な関係における人権の制約　120

第4編　統治機構　124

第0章　国民主権と天皇制　124

第1章　立法　129

第1節　国会の地位　129
第2節　国会の組織と活動　135

第2章　行政　149

第3章　司法　160

第1節　裁判所　160
第2節　司法府の独立　169
第3節　裁判所の組織と権能　172
第4節　裁判の公開　175
第5節　違憲審査制　178

第4章　財政・地方自治　184

第1節　財政　184
第2節　地方自治　193

根本正次のリアル実況中継

司法書士

合格ゾーン テキスト

8 憲法

まるわかりWeb講義

著者、根本正次による、科目導入部分のまるわかり Web 講義！

科目導入部分は、根本講師と共に読んで行こう！
初学者の方は、最初に視聴することをおすすめします。

◆二次元コードを読み込んで、アンケートにお答えいただくと、ご案内のメールを送信させて頂きます。
◆「まるわかりWeb講義」は各科目の「第1編・第1章」のみとなります。２編以降にはございません。
◆一度アンケートにお答えいただくと、全ての科目の「まるわかりWeb講義」が視聴できます。
◆応募期限・動画の視聴開始日・終了日については、専用サイトにてご案内いたします。
◆本書カバー折り返し部分にもご案内がございます。

第1編　司法書士試験と憲法

まるわかりWeb講義

～どの部分をどのくらい勉強すべきかの見極めが肝心です～

まず、憲法が司法書士試験においてどういった位置にあるのかを説明していきます。
憲法の学習は方向性を間違えると、相当なロスが生じるので気を付けましょう。

Point

〈出題数〉

35問中3問（第1問目～第3問目）

※　平成15年度の試験から導入された科目

※　マイナー科目（受験用語）

＝　学問分野は広い　・　出題される部分が限定されている

この試験、初め3問は憲法から出題されます。

そして平成15年から導入された科目で、試験開始当初からあったわけでありません。そのため、**過去問学習にあまり頼れない科目にはなります**。ただ、過去問の繰り返しもありますので、過去問学習は怠らないようにしてください。

そしてこの科目は、「**学問分野は広い、ただ出題されるところが限定されている**」点が特徴的です。

この書籍で触れていないテーマについては、学習しないようにしてください。

〈合格に必要な点数〉

2問～3問

※　難易度の差が激しい科目

合格のためには、できれば2問から3問正答して欲しいところです。

ただ、この憲法はこの司法書士試験の中でも、特に難易度の高低が激しい科目のため、1問しか取れないという年もあれば、3問余裕で取れるという年もあります。

第2編 はじめに

ここでは、憲法の全体像を学びます。

・　憲法は何のためのルールかを理解して、

・　その中の人権という分野と、統治という分野のイメージを持つこと

を目標に読んでいってください。

～まず憲法が制定された趣旨や、その特性をしっかり理解しましょう～

第1章 憲法は何のためにあるの？

ここでは、憲法とはどういったもので、なぜ必要なルールなのかを説明していきます。
直接出題があるところではありませんが、今後の学習に必須な部分です。

Point

憲法とは国家権力を抑制し、国民を守るもの

こちらの定義は、目的と手段に分かれます。

憲法のルールの**目的は、国民を守る**ことにあります。それを実現するために、**国家権力を押さえ付けようとしている**のです。

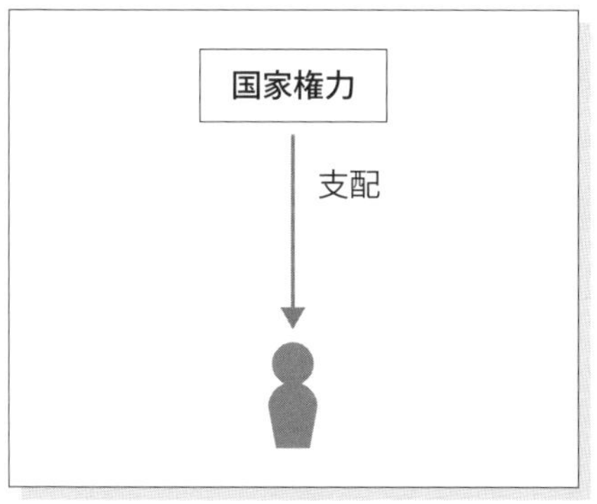

上の図に国家権力というのがありますが、これは皆さんが考える「お上」で想像してください。

役所、裁判所、時の政府、そういったものを想像してください。

このお上は、私たちを支配します。

治めるというのは支配することを意味します。この支配がまともであれば問題がありません。

ただ、この**支配が不当な支配になる**ことがあります。

その場合に、憲法が登場します。

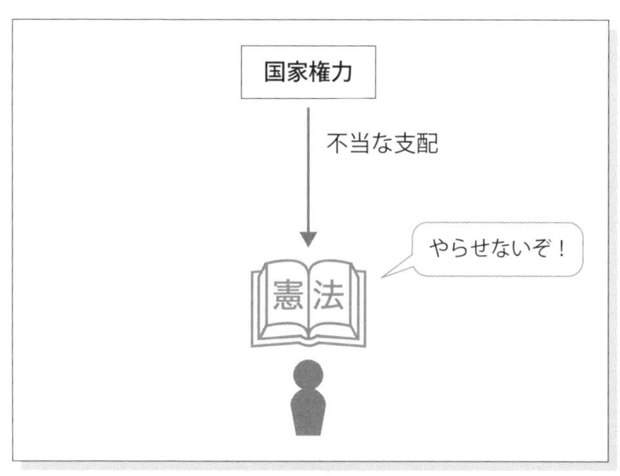

イメージは、ブロックです。**「不当な支配は、させないよ」というブロックを**

かける、これが憲法なのです。
国民を守りたい、だから国家権力を押さえ付ける、これが憲法の役割です。

1つ例を出したいと思います。
1944年に、預金封鎖というのが行われ、預金を下ろせないようにして、なおかつある程度の富豪の方からは、預金の90%を没収したのです。
国の財政が厳しかったといった理由で、行った政策です。

これは今の憲法のルールの元では、まず不可能です。次の条文を見てください。

29条
1　財産権は、これを侵してはならない。

今は29条という条文があり、**国家権力が国民の財産権を奪うということは許していない**からです。

このように、「国家権力が不当な支配をしようとするときに、ブロックをかける」これが憲法の役割です。

ではなぜ、国家権力を押さえ付けてまで、国民を守ろうとしているのでしょう。それは次の条文に鍵があります。

13条
すべて国民は、個人として尊重される。

これは**個人の尊厳**とか、**個人の尊重**と呼ばれる、憲法が一番大切にする価値観です。一人ひとりを大事にするという価値観です。

この一人ひとりを大切にすることを実現するために、国家権力を押さえ付けることにしたのです。

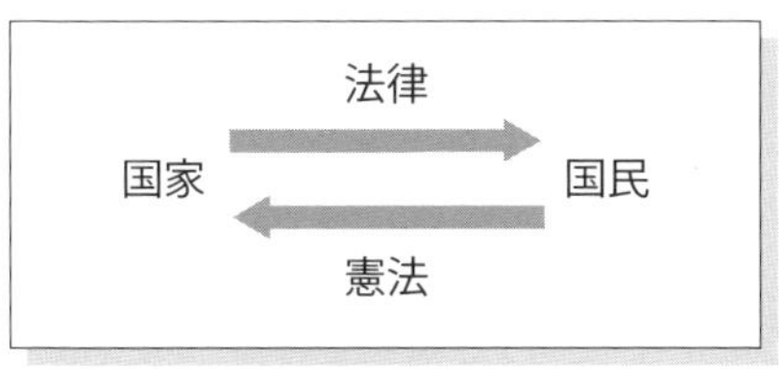

憲法は法律の一番上にあるという表現をする方がいますが、正確に言うと間違いです。

法律と憲法では、作り手と相手が異なります。

法律というのは、国家側が作ります。国家が作り、国民を規制するのが法律です。

一方、憲法は国民が作っていて、国家を押さえ付けています。

このように**法律と憲法では、「ルールを作った者」と「ルールで規制されている者」が完全に逆になっています。**

このような憲法を、これから学習していきます。

Point

10条～40条　人権
41条～103条　統治

大きく言うと**憲法というのは、人権という分野と、統治という分野からできています。**それぞれどういった制度なのかという概略を説明していきます。

第2章 人権とは

ここでは出題のメインの1つ、人権の全体像を見ていきます。
13条と人権の関係
人権のグループ名とそのイメージ
人権も制約されることがある
などを学んでいきます。

第1節 人権とは

Point

人権

13条を具体化したもの

人権、これはいろんな説明の仕方がありますが、**私は、13条を具体化したものと理解しています**。

13条
すべて国民は、個人として尊重される。

13条は個人を尊重する、一人ひとりを大事にすると言っていますが、ただそんな抽象的な言い方では実現性がありません。

その抽象的な言い方ではなく、具体的に「これができるよ」「あれができるよ」と規定したものが人権です。

13条は、憲法において最高の価値観です。そのため、それを**具体化した人権が最強の権利**ということになります。

では人権には、具体的にどういうものがあるかを見ましょう。

第2節 人権の分類

包括的基本権	幸福追求権（13条）
	法の下の平等（14条）
精神的自由権	思想・良心の自由（19条）
	信教の自由（20条）
	学問の自由（23条）
	表現の自由（21条）
人身の自由	奴隷的拘束及び苦役からの自由（18条）
	適正手続の保障（31条）
	被疑者の権利（33条～35条）
	被告人の権利（36条～39条）
経済的自由権	居住・移転・国籍離脱の自由（22条）
	職業選択の自由（22条1項）
	財産権（29条）
社　会　権	生存権（25条）
	教育を受ける権利（26条）
	労働基本権（28条）
参　政　権	選挙権（15条1項）
	被選挙権（立候補の自由）

これらの条文ですが、いくつかにグルーピングできます。
まずは、「自由」という言葉が入っている権利でグルーピングできます。

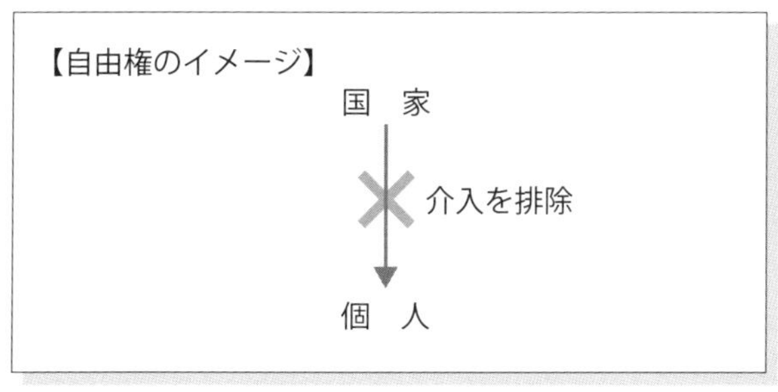

自由権というグループのイメージです。これは、「入ってくるな」というイメージです。

私は講義中に、自由という言葉を置き換えるようにアドバイスしています。

自由
→「ほっといてくれ」「干渉しないでくれ」「規制をかけないでくれ」

これは、国家権力に対して主張することです。

例えば思想良心の自由といったら、自分がどのような思想を持とうが、**「国家権力は、ほっといてくれ」「国家権力は、干渉しないでくれ」「国家権力は、規制をかけないでくれ」**と考えましょう。

信教の自由といったら、自分がどんな宗教を信仰しようが、「ほっといてくれ」「干渉しないでくれ」「規制をかけないでくれ」

表現の自由と言ったら、自分がどこでどんな表現をしていても「ほっといてくれ」「干渉しないでくれ」「規制をかけないでくれ」と置き換えましょう。

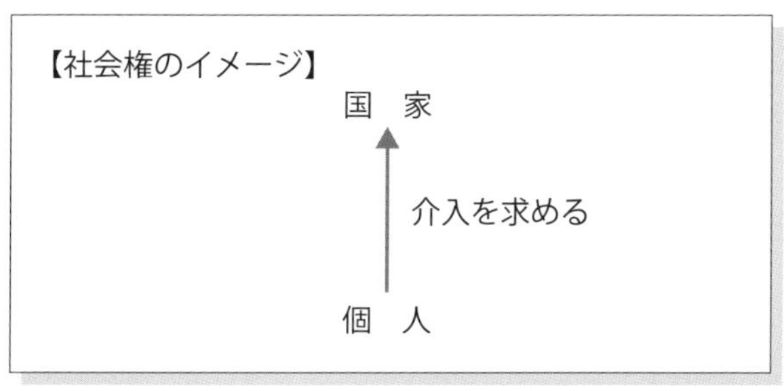

ここでいう個人というのは、弱者だと思ってください。この**弱者が国家に対して「助けてくれ」**と請求する権利を社会権といいます。

代表的な例が、25条の生存権です。

この生存権の条文に基づいて、生活保護の制度とか、社会福祉の制度ができています。

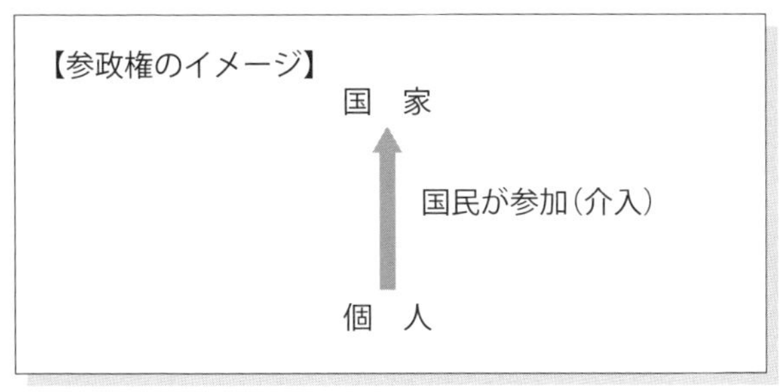

これは、**国民が国家に入っていくというイメージ**です。

公務員になるとか、国会議員になる等、国民が国家側に入っていく権利が参政権のイメージです。

第3節 公共の福祉

「公共の福祉」＝人権相互の矛盾衝突を調整するための公平の原理

人権はもっとも強い権利ですが、制約を受けることがあります。

例えば私が皆さんの家の前で、夜中2時ごろ、「公共の福祉！！！！」と叫んでいたとします。

皆さんどう思います？ うるさいなーって思いますよね。多分警察を呼ぶでしょう。

もし警察が私を押さえ付けたら、私はこう言うでしょう。

表現の自由があるから、自分がどこでどんな表現をしようが、ほっといてくれ。
干渉しないでくれ。規制をかけないでくれ。

これは、おかしいですよね。だって、**他の人が迷惑していますから…**。

人権というのは最強です。最強を制約できるのは、最強のものです。
自分の人権が他人の人権とぶつかった場合、他人の人権を害するような場合は、自分の人権が制約されます。この原理を、公共の福祉と呼びます。

人権は最強、
ただし他の人権とぶつかった場合は制約を受ける

このように考えておきましょう。
ここで、今一度13条を確認します。

13条
すべて国民は、個人として尊重される。生命、自由及び幸福追求に対する国民の権利については、公共の福祉に反しない限り、立法その他の国政の上で、最大の尊重を必要とする。

いくつかの条文に公共の福祉という言葉が入っていますが、上の13条が有名です。
この公共の福祉という言葉を「他人の人権」と置き換えて読んでみてください。「国民の権利については、「他人の人権」に反しない限り、立法その他の国政の上で、最大の尊重を必要とする」となり、今説明したニュアンスが何となく掴めるのではないでしょうか。

〜三権分立の目的・内容と法的意味でのパワーバランスを押さえましょう〜

第3章 統治とは

ここでは統治の基本知識を見ていきます。
特に重要なのは三権分立という概念です。
この部分のイメージは、人権の部分でも使いますので
今のうちに押さえておきましょう。

第1節 統治の全体像

Point

統治

人権侵害が起きないようにする国家体制

国の仕組みを条文化した部分、これが統治という部分です。なぜ、国の仕組みの条文をわざわざ憲法に入れたのでしょうか。

それは、人権侵害が起こらないようにするためです。**人権を守りたいから、それが侵害されないような国の仕組みを作っておいた**のです。

それが一番よく表れているのが、三権分立という制度です。

Point

- 立法機関とは法律を作る機関（国会）
- 行政機関とは法律を執行する機関（内閣）
- 司法機関とは法律を適用して争いを解決する機関（裁判所）

国の仕組みは、次の3つに分かれます。

法律を作る、使う、チェックする　この3つが国の仕組みです。

そして、この3つの仕組みを別々のところにやらせることにしました。

具体的には、ルールを作るのは国会に、ルールを使うのは内閣に、そしてチェックするのは裁判所に分担させることにしたのです。

この**3つの機能を一緒のところにやらせると、たちの悪いことが起きます**。

例えばルールを作る機関と使う機関が一緒だと何が起きるでしょう。使いやすいルールを作ってしまいますよね。

また、ルールを使うところと、チェックするところが一緒だとどうでしょう。ろくなチェックにならないでしょう。

このように、**国家作用を1つのところに任せるのではなく、分散させて担当させる**ことにしました。これを三権分立（権力分立）といいます。

権力は集中すると、腐敗する、濫用される
→　だから、できるだけ分散させよう

権力は一か所にまとめて強くした方がいいんじゃないかと思う方もいるかもしれません。

ただ集中した権力は濫用に繋がります（ある国では、トップの権限が非常に強くできていて、ほぼすべての方が、退任後に汚職などで捕まっています）。

このように**権力が強いというのは濫用に繋がりやすい**、だからできるだけ分散させていこう、弱くしていこうという発想なのです。

では次に、三権を任されている1つ1つの機関について、説明します。まずは国会です。

選挙により選ばれた全国民の代表者により形成された議会（国会）によって立法が行われている

国会　　国会議員

国会には国会議員がいます。これは我々が選挙で選んだ人です。

私たちが選挙で選んでいる

→　私たちが代表を選んでいる

という設定の下

国会で法律というルールを、議員が話し合って決めている

→　私たちの代表が、私たちの適用されるルールを作っている

という建前で、憲法はいろいろな規定を設けています。

Point

行政権とは法の執行機関

→　行政の仕事は法律に根拠があって行政機関はそれに従って行動する

行政というのは、法を使うことです。つまり**行政というのは、法律の根拠があって初めてできる**のです。

よく「お役所仕事」とか「役所は融通がきかない」とかいいますが、それはしょうがありません。

法律に書いていないことを役人がやるのは、憲法的にまずいからです。

覚えましょう

「行政権」とは、すべての国家作用の中から、立法と司法を除いたものを指す（控除説）。

「ルールを作る」「裁判する」以外の国の仕事が、行政の射程範囲です。

例えば、役所に行って住民登録をする、死刑を執行する、これらはルールを作るでも、裁判でもないので行政が行うことになります。

65条
行政権は、内閣に属する。

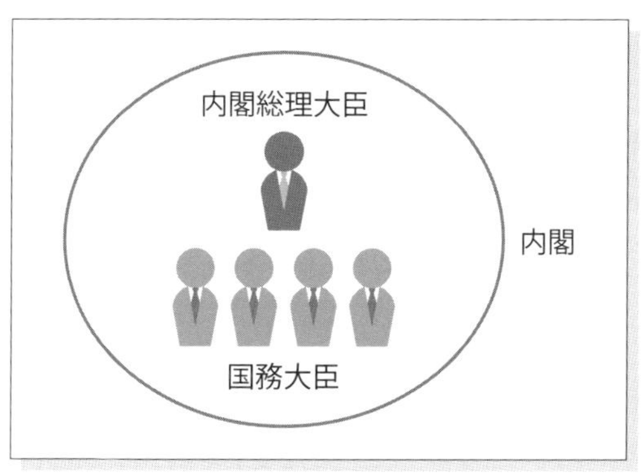

内閣というのは、組織のことを指します。内閣総理大臣をトップとし、いろいろな国務大臣から集まる組織、それを内閣といいます。

この条文、ぱっと見た感じだと「住民登録の手続を、内閣総理大臣がやっているの？」そんな疑問を持つかもしれません。
ただ条文をよくよく見てください。行政を内閣が行うとは書いていません。**内閣に属すると書いている**のです。

つまり、**行政は内閣がコントロールしているということを規定しています。**
内閣という組織が、行政のすべてをコントロールして国を運営しているのです。

これで到達！　合格ゾーン

□ 内閣から独立的な地位においてその職権を行うことが認められている合議制の行政機関が認められている。たとえば、人事院・公正取引委員会・中央労働委員会・国家公安委員会である。これらを独立行政委員会と呼ぶ。

★政党の影響を受けてはいけない政治的中立性が要求される行政事務については、内閣から独立した組織が行うようにしています。「行政権は内閣に属する」と規定しているのですが、上記のように内閣に属していない行政もあるのです。

□ 行政権を内閣に専属させるような限定的な文言を用いていないため、内閣以外の組織が行政権を行使しても問題がない。

★立法権（41）や司法権（76Ⅰ）には、「唯一」「すべて」という制限がかかっているのに対し、65条は「行政権は内閣に属する」と規定し、独占させる表現になっていません。そのため、内閣に属していない行政があっても問題がないと評価されています。

□ 独立行政委員会は、国会のコントロールの下にあり、合憲である。

★独立行政委員会には内閣のコントロールが及んでいなくても、国会のコントロールが及んでいます（独立行政委員会の委員に対する国会の任命承認権・弾劾請求権）。今回のコントロール、つまり国民がコントロールできているので問題ないと評価されています。

第2節　権力分立

Point

権力分立

立法、行政、司法に区別し、それを異なる機関に担当させるように分離し、相互に抑制と均衡を保たせる制度

権力分立の定義が載っていますが、ポイントが2つあります。

1つは分離という点です（**権力は分散させた方がいい**ということです）。

もう1つは**抑制、押さえ付ける**ということです。

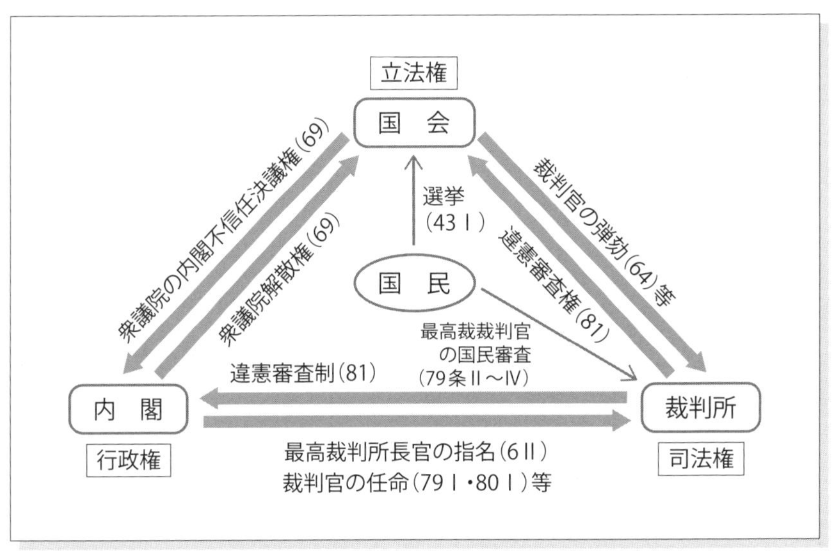

3つの機関がありますが、それぞれがお互い大きくならないように、押さえ付けているのです。

「**どれか1つが大きくならないように**、他の機関が押さえ付けている」それが三権分立のもう1つの側面です。

では、図の中の「お互いを押さえ付けている」内容を説明します。

(1) 国会と内閣の関係

国会は内閣に対して、「君たちは信用できないよ」というクビにする決議ができます（図の中の「内閣不信任決議」という部分です）。

これに対して、内閣は国会に牽制ができます。それが**衆議院の解散権を行使する**ということです。

解散権を行使すると、選挙になります。言ってしまえば、国会議員の地位を奪うことになるのです。

国会は内閣に対して「信用できない」と主張でき、

片や、内閣は国会に対して「そんなこというなら、国会議員の資格を奪うぞ」といえるようにして、**お互いを牽制し合える関係としている**のです。

(2) 国会と裁判所の関係

国会が法律というルールを作りますが、このルールが憲法に違反していた場合、**裁判所が法律を無効にする**ことができます（これが、図の中の違憲審査権という部分です)。

一方、国会側は裁判所に対して、弾劾裁判ということができます。

人間的に問題がある裁判官がいた場合、国会内で裁判をしてクビにする制度です。

過去の実例でいうと、「事件関係者から賄賂をもらっていた裁判官」「ストーカー行為をしていた裁判官」などがいました。

(3) 内閣と裁判所の関係

裁判所から、内閣に違憲審査ができます。

内閣は法律を使って運用をしますが、その使い方がおかしければ、裁判所はチェックして、無効とするのです。

一方、**内閣は、最高裁の裁判長や裁判官の人事権**を握っています（これが図の中の「最高裁判所長官の指名（6 Ⅱ）・裁判官の任命（79 Ⅰ・80 Ⅰ）」という部分です)。

第3節 地方自治

Point

地方自治

住民の生活や利害に密接に関係する問題については住民自身に決定させる

統治にはもう1つ、地方自治という制度があります。これは地域のことを国で決めるのでなく、地域のことは地域で決めさせるための仕組みです。次の図を見てください。

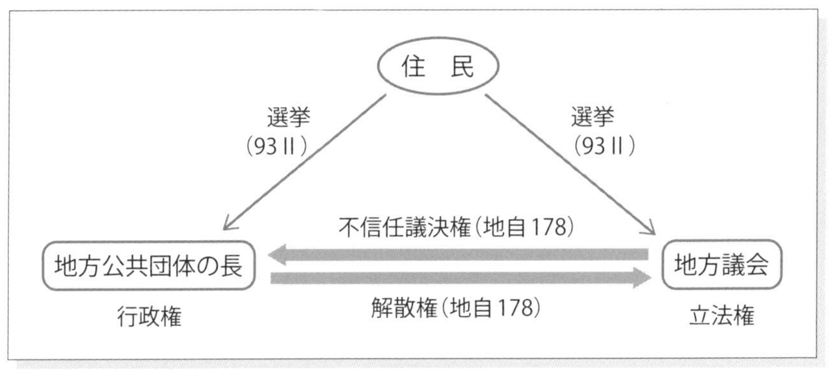

すべての権限をまず中央と地方に分離しています。中央はその権利を立法・行政・司法の3つに分けています。一方、**地方は、もらった権限を行政と立法に分けています**（分散をすればするほど、権力の暴走は防げます）。

ちなみに、**地方議会が作るルールを条例といいます**。

ここでいう地方公共団体というのは、都道府県と市町村でイメージしてください。例えば東京都三鷹市に住んでいる方は、東京都という団体と三鷹市という団体に属していることになります。

また、地方公共団体の長というのは、都知事、市長などを指していると思ってください。そして、地方議会というのは、東京都議会とか、三鷹市議会とかをイメージしましょう。

ここの行政と立法も、「クビにするぞ」「解散させるぞ」と抑制し合っています。

また、そこに住む住民は地方議会の議員、そして、**都知事などを直接選べます**。

先ほどの中央の図と比較しましょう。中央では、国民は国会議員を選べるのですが、**内閣を直接選ぶことはできません**。

第4節 まとめ

今までの部分を、まとめていきます。次の図を見てください。

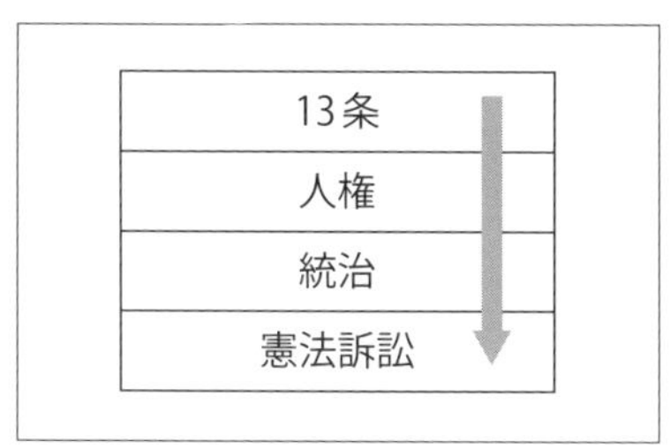

頂点にあるのが13条という、「一人ひとりを大事にしたい」という考え方です。そしてこれを具体化したものが人権規定です。

ただこの人権が害されたら困るので、そこで、害されないような国の仕組みを作りました。それが統治という部分です。

ただ、ここまで仕組みを作っても、実際に人権侵害になるようなルール、人権侵害になるような法律の適用は行われてしまいます。

そのときは　裁判所が違憲審査で無効にしていきます。これが、最後の憲法訴訟という部分です（裁判所は、人権保障の最後の砦と言われています）。

このように、**憲法は13条の考え方を頂点にして、そこから仕組みを構築しているの**です。

第3編 人権

この人権の分野は、条文そのものの内容より、実際に起こった事件（判例）の結論の出題が多いところです。

判例の結論（憲法に反するかどうか）という点は、即答できるようにしましょう。

～自由な権利を主張する場合、時に行政との境界線で問題になります～

第1章 精神的自由権

令和7年本試験はここが狙われる！

ここからは人権1つ1つを説明していきます。
まずは一番出題が多い精神的自由権です。精神面について、ほっといてくれ干渉しないでくれ規制をかけないでくれという内容です。
どれも重要ですが、特に表現の自由の出題が多いところです。

内面的精神活動の自由	外部的精神活動の自由
思想・良心の自由（19）	表現の自由（21）
信教の自由（20）	
学問の自由（23）	

精神的自由権の基本は、19条と21条です。この関係は、「**思う自由、出す自由**」となっています（ここの、思う自由を思想良心の自由、出す自由を表現の自由といいます）。

この2つのどちらかは、公共の福祉による制約を受けますが、どちらかは制約を全く受けません。

19条については、公共の福祉による制約を受けません。公共の福祉というのは、自分の人権が他の人権とぶつかった時に、自分の人権が制約されるという原理でした。**思うだけで外に出なければ、誰かの人権とはぶつからないため、19条は絶対制限ができない**のです。

一方、表現の自由は、外に出す部分ですから、他人とぶつかります。だからこの表現の自由は結構制約を受けます。

この19条、21条の基本系は、その内容によっては適用される条文が変わります。具体的に言うと、学問内容なら23条、宗教の場合は20条で保障するのです。

では、まずは19条から説明をしていきます。

第1節 思想・良心の自由

> **19条**
> 思想及び良心の自由は、これを侵してはならない。

「侵してはならない」と言っていますが、具体的に何をしてはいけないのかが、条文からは読み取れません。

実際には、以下の3つのことをしてはいけないと解されています。

Point

19条の内容

① 特定の思想の強制の禁止

国家は、一定の**思想を国民に押し付けてはいけません**。これに関する裁判を紹介します。

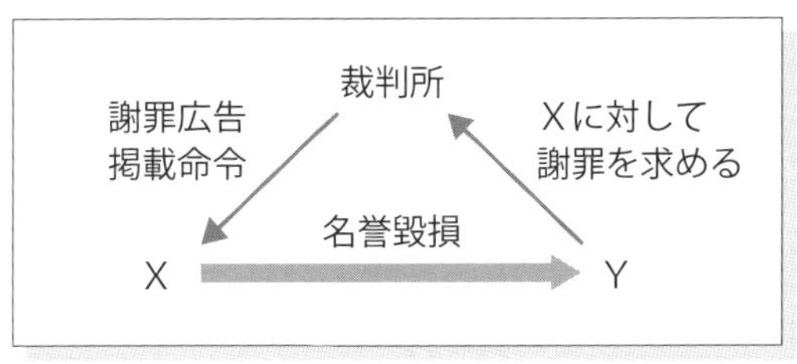

Xが、ウソの記事を書いてYさんの名誉を傷付けました。そこで、このYさんが頭に来て訴え、裁判所が「Xさん、Yさんに謝りなさい」という判決を下しました。

この「謝りなさい」というのは問題ないのでしょうか。

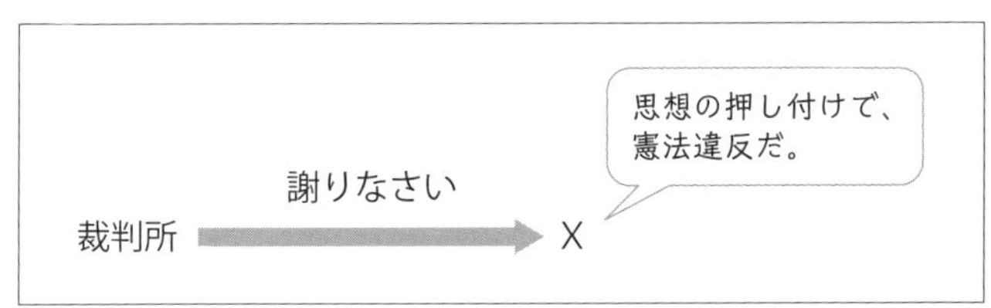

裁判所も国の機関です。この国の機関が、Xに対して、「謝れ」と思想を押し付けているのでは？　と訴訟になりました。

	謝罪広告事件（最大判昭31.7.4）
争点	他者の名誉を毀損した者に対して、裁判所が謝罪広告を新聞紙上に掲載することを命じたことは、思想・良心の自由を侵害するか。
判旨	単に事態の真相を告白し陳謝の意を表明するにとどまる程度の謝罪広告を新聞紙上に掲載することを命ずることは、憲法19条に違反しない。

結論から言えば、裁判所がやったことは、憲法19条には反しない、やって構わないということになります。

ポイントは、**「事態の真相を告白し」このレベルだったらＯＫという点**です。

単純に「謝れ」と命令するのは、違憲になる可能性があります。ただ、事実が違うということを述べるレベルであれば、思想の押し付けにはならないという判断のようです。

憲法の判例で押さえること
→ 「国家権力が何を行ったのか」
「それが憲法に違反するのか」

裁判例の結論を覚えていくのが、憲法の学習の中心です。

具体的には、国がやったことが憲法に違反するのか、憲法に違反しないのかというのが問われます。

「憲法に反する」というのは、国家はやってはいけないことをやったから、やった行為は無効だよというニュアンスです。

一方、**憲法に違反しないというのは、国がやったことは問題ない**よ、そのまま有効でいいよという結論です。

憲法に違反するという結論は意識して覚えること！

基本的には**憲法に違反しないという結論が、圧倒的に多い**ので、むしろ憲法に違反するという結論があったら、そこは意識して覚えるようにしましょう。

Point

19条の内容

② 思想を理由とする不利益取扱いの禁止

○○の考えを持っているな
あなたを罰します！ ×
国家 → 国民

国家がやってはいけないことの2つ目が、「**思想を理由に、不利益を与えること**」です。

昔は、一定の思想をもっているだけで、刑罰まで科していましたが、今は許されません。そして、刑罰を科すだけでなく、とかく不利益を与えることが禁じられています。

思想が理由で不利益を与えたのか？　が議論になった裁判があります。

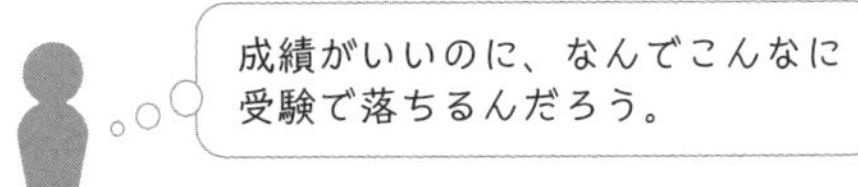

あるA君という方が、高校受験に何回も落ちていました。

なぜ不合格になるのか疑問を抱き、自分の内申書を勝手に開けてみました。

内申書

・Aは全共闘を名乗り文化祭を粉砕した
・Aは､ML派の集会に参加していた
・Aは､社会主義の機関紙を発行していた

すると内申書には上記のようなことが書かれていました。そこでA君が怒って「思想を理由に、不合格という不利益を与えたな」と訴訟をしたのです。

	麹町中学内申書事件（最判昭63.7.15）
争点	中学校が、高校の入試に際し提出する生徒の内申書に、校内において麹町中全共闘を名乗って機関紙『砦』を発行したり、文化祭の際に粉砕を叫んで校内に乱入してビラをまいたりしたことなどの政治活動記録を記載をしたことが、憲法19条などに反するか。
判旨	本件内申書の記載は、憲法19 条に違反しない。 （理 由） 本件内申書は、思想、信条そのものを記載したものでなく、この記載にかかる外部的行為によっては思想、信条を了知しうるものではないし、思想、信条自体を高校の入学者選抜の資料に供したものとは理解できない。

この内申書、A君が社会主義者だとは書いていません。社会主義の集会に参加

していたというのは分かるのですが、社会主義者とはズバリ書いていません。

ポイントは、**思想自体を書いてはいない**という点にあります。

Point

19条の内容

③　沈黙の自由

国家　あなたの思想を教えなさい→　国民　……………

国家がやってはいけないことの3つ目が、「思想の告白を強制すること」です。

これを国民側からいえば、**自分の思想を言わなくていい、黙っていていい**ということを意味します（沈黙の自由と呼ばれます）。

以上が、思想良心の自由の内容です。

問題を解いて確認しよう

1	思想および良心の自由は、自己の思想や良心を外部に表明することを強制されないことまでも保障するものではない。〔オリジナル〕	×
2	裁判所が、名誉毀損の加害者に対し、事態の真相を告白し陳謝の意を表明する内容の謝罪広告を新聞紙に掲載するよう命ずることは、加害者の意思決定の自由ないし良心の自由を不当に制限するものとして許されない。〔令3-1-オ〕	×
3	公立高校入試の際、中学校長より作成提出されたいわゆる内申書において、中学生の学校内外における政治的活動が記載された場合には、それが受験生の思想、信条そのものを記載したものではなく、外部的行為を記載したにとどまるものであったとしても、受験生の思想信条の自由の侵害に当たるとするのが判例である。〔オリジナル〕	×

ヒトコト解説

1　沈黙の自由が認められています。

2　「単に事態の真相を告白し陳謝の意を表明するにとどまるもの」のレベルであれば、憲法に反しないとするのが判例です。

3　思想信条そのものを書いていないので、人権侵害にはなりません。

これで到達！  **合格ゾーン**

□ 市立小学校の入学式において、校長が音楽教諭に対して行った君が代の伴奏を行うことを内容とする職務命令が、音楽教諭の思想・良心の自由を侵害するのではないか。

→　公立学校の入学式において校長が音楽教諭に対して君が代の伴奏を命じることは、音楽教諭の思想・良心の自由の侵害とはならない（最判平19.2.27／君が代伴奏職務命令事件）。

★君が代の伴奏をすることが、特定の思想の表明と結び付くものではないため、思想良心の押し付けにはならないと判示しています。

第2節　信教の自由と政教分離

20条
1　信教の自由は、何人に対してもこれを保障する。いかなる宗教団体も、国から特権を受け、又は政治上の権力を行使してはならない。

何ができて何ができないのかが、条文だけではよく分かりません。次の図を見てください。

20条の内容
内心における信仰の自由
宗教的行為の自由
宗教的結社の自由

信教の自由には、この3つの内容があると言われています。

思う自由、行為の自由、集まる自由と思ってください。

次の事件は、宗教的な行為をした結果、刑罰を科せられたという事件です。刑罰を科すことによって、宗教的行為の自由に制約をかけたのではないかが問題になりました。

	加持祈祷事件（最大判昭38.5.15）
争点	僧侶が、病気の平癒を祈願するために病人に対して線香護摩による加持祈祷を行ったところ、この病人が死亡したため、傷害致死罪（刑法205条1項）で起訴された。本件では、当該処罰が憲法20条1項に反するのではないかが問題となった。
結論	他人の生命、身体などに対する違法な有形力の行使は、信教の自由の保障の範囲外であり、これを処罰しても違憲ではない。

宗教的行為を認めていますが、**死に至らしめるまでの自由を認めていません**。

また、他の人の人権とぶつかっているため、自分の人権は制約されてもしょうがありません。

次は、宗教が理由で退学になったという事件です。

	「エホバの証人」剣道受講拒否事件（最判平8.3.8）
事件	市立工業高等専門学校の学生が、その信仰する宗教（「エホバの証人」）の教義に基づいて体育の剣道実技を拒否したため、高専校長によって原級留置・退学処分を受けた。
争点	高専校長の処分が20条1項に反しないか。
結論	信仰を理由として剣道実技を拒否する学生に対して、校長が代替措置などを考慮することなく退学処分としたことは、裁量権の逸脱・濫用として違法となる。

この事件は、しっかり覚えてください。**珍しく国側が負けている**のです。

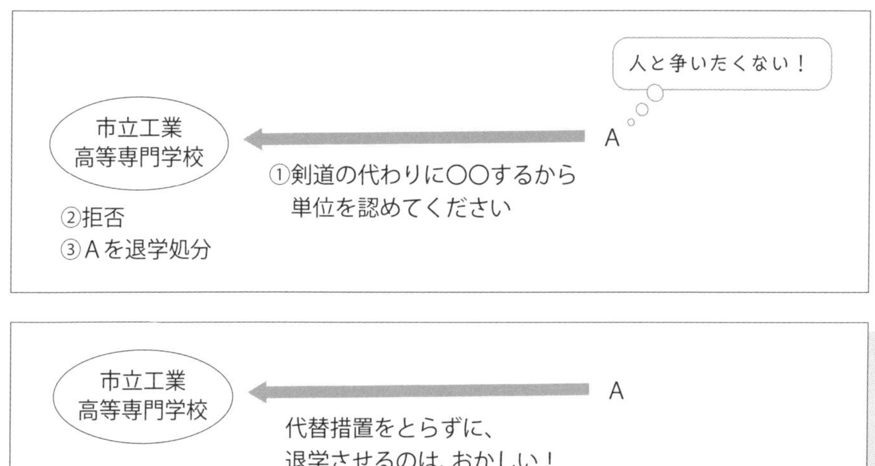

この判例のポイントは、**学校側が代替手段をとらなかった**点です。

工業高校では剣道が必須とは思えません。剣道ができないのであれば、レポートを出せとか、校庭を走りなさいとか、そういった代替手段をとれたのに、それをしなかったことが問題だったのです。

これで到達！  合格ゾーン

＜剣道受講拒否事件　その他の論点＞

□ 原告が主張する代替措置を学校が認めたら、特定の宗教の信仰を援助支援したことになり、政教分離に反することになるか。

→ 信仰上の理由から剣道実技の履修を拒否した者に対し、代替措置を講ずることは、政教分離原則に反しない。

★他の体育実技の履修、レポートの提出などを求めたうえで、その成果に応じた評価をすることが、目的において宗教的意義を有し、特定の宗教を援助、助長、促進する効果を有するとも、他の宗教者または無宗教者に圧迫、干渉を加える効果があるともいえないと判示しています。

□ 学生が信仰を理由に剣道実技の履修を拒否する場合に、学校が、その理由の当否を判断するため、単なる怠学のための口実であるか、当事者の説明する宗教上の信条と履修拒否との合理的関連性が認められるかどうかを確認する程度の調査をすることは公教育の宗教的中立性に反するとはいえない。

★公立学校において、学生の信仰を調査詮索し、宗教を序列化して別段の取扱いをすることは許されません。ただ、上記の行為はそこまでの取り扱いではないと判示しました。

次は、国家権力から「解散しなさい」と強制されたので、結社の自由の侵害ではないかと問題になった事件です。

	オウム真理教解散命令事件（最決平8.1.30）
争点	法令に違反して著しく公共の福祉を害すると明らかに認められる行為をしたことなどの理由に基づいて裁判所が宗教法人の解散を命ずること（宗教法人81）は、20条1項に違反するか。
結論	宗教法人法81条の解散命令制度は、もっぱら世俗的目的によるものであり、本件解散命令によって当該宗教団体や信者らの宗教上の活動に支障が生じても、それは解散命令に伴う間接的で事実上のものにすぎないから、必要でやむをえない法的規制であり20条1項に反しない。

ここでいう解散命令というのは、**宗教法人という特権を剥奪することを指し、「集まるんじゃない」という内容ではありません**。その後、皆さんでサークル感覚で集まることは問題ありません。

そのため、この解散命令は、結社の自由の侵害にはならないと判示されました。

問題を解いて確認しよう

1	精神に異常をきたした者の平癒祈願のための加持祈祷として患者を殴打し、これにより死に至らせた者を処罰することは、信教の自由を侵害せず、許される。〔オリジナル〕	○
2	判例は、信仰上の理由から剣道実技の履修を拒否した高等専門学校生が退学処分を受けた事案で、学校側がレポート提出等の代替措置の要求を一切拒否したことは、裁量権の範囲を超える違法なものであると判示した。〔オリジナル〕	○
3	公立学校において、信仰上の理由から剣道実技の履修を拒否した生徒に対し、校長が代替措置を講ずることは、政教分離原則に違反せず、許される。〔27-1-ウ改題〕	○
4	法令に違反して、著しく公共の福祉を害すると明らかに認められる行為をした宗教法人に対し、裁判所が解散を命ずることは、司法手続によって宗教法人を強制的に解散し、その法人格を失わしめ、信者の宗教上の行為を法的に制約するものとして、信教の自由を保障する憲法第20条第1項に違背する。〔令3-1-ア〕	×

×肢のヒトコト解説

4　解散命令をすることは、憲法に反しません。

20条

1　信教の自由は、何人に対してもこれを保障する。いかなる宗教団体も、国から特権を受け、又は政治上の権力を行使してはならない。
2　何人も、宗教上の行為、祝典、儀式又は行事に参加することを強制されない。
3　国及びその機関は、宗教教育その他いかなる宗教的活動もしてはならない。

Point

政教分離原則とは、国家の非宗教性ないし宗教的中立性をいう。

今の20条というのは、信教の自由を保障するだけでなく、もう1つのことを規定しています。

それは「**国と宗教は結びつくな**」という政教分離原則です。

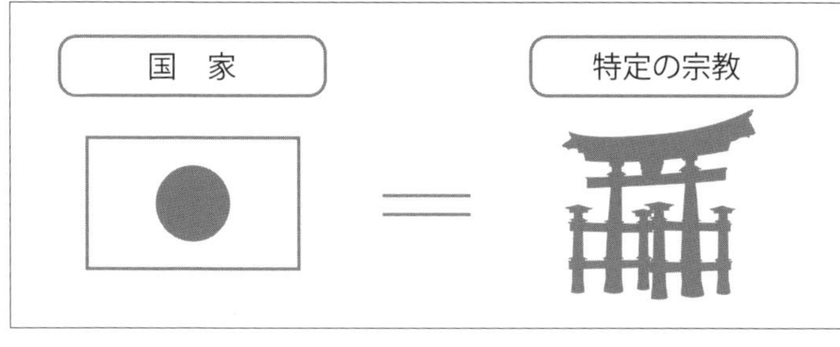

昔、日本は特定の宗教（神道）と結びつきました。神道を国家の宗教にしたのです。

その結果、他の宗教の弾圧が始まりました。

国と宗教が結びつくと他の所の信教の自由を侵害するから、結びつくのを禁じたのです。

Point

制度的保障とは、制度そのものに重要性（憲法的価値）を認めて、その制度の核心を侵してはならないとすることによって人権保障の実質化を図るものをいう。

制度的保障の場合、直接の保障の対象は制度自体であるが、制度自体を保障することによって、人権を保障することを目的とする。

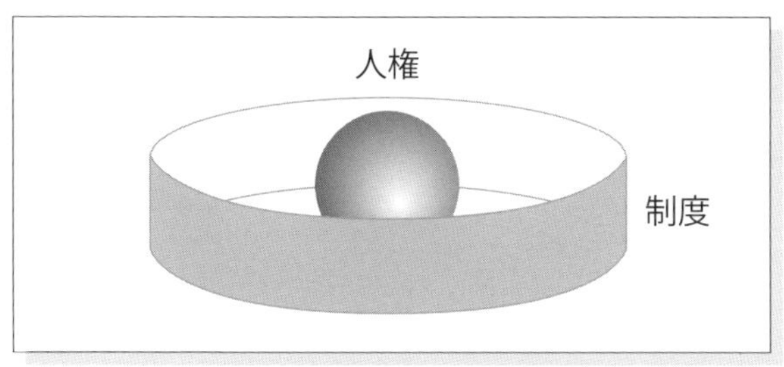

政教分離、これは国と宗教は結びつくなという制度です。

上の図のようなイメージ、**「守りたい人権」と「それを守るための壁」という関係**で考えるといいと思います（今回でいうと、守りたい人権は信教の自由です）。

なぜ国と宗教は結びつくなという制度を作ったのでしょう。それは一人ひとりの信教の自由という人権を守りたいからです。**制度が重要というよりも、中にある人権を守りたいから作った概念が、制度的保障**です。

Point

国家と宗教とのかかわりあいを一切排除することはできない。

国と宗教が一切かかわらないというのは不可能ですし、かえって不平等な結果が生じます。

例えば、文化財にお金をかけることをしていますが、その文化財が絵画であれば、お金を支給して保護できるのに、その文化財が仏像だったら、お金が払えないというのは不当でしょう。

他にも、私立の学校には国から補助金がいくようになっています（私学助成金という制度）が、一般的な私立学校には助成金が出せるけど、キリスト教系の学校や、仏教系の学校にはお金が出せないのもおかしいです。

お寺が燃えた場合に、消防車を向かわせていいのでしょうか。政教分離を貫くと、これもダメとなりかねません。

一方、県ごとに仏教のお寺を建てる、こんなことをすれば、国がまさにその宗教と結びついたとなるでしょう。

結局は**どこまでがＯＫで、どこからはダメだという、モノサシ、基準が必要になります。**

Point

政教分離原則に違反するのは、行為の目的が宗教的意義をもち、その効果が宗教に対する援助、助長、促進又は圧迫、干渉等になるような行為に限られる（目的効果基準）。

目的と効果に着目しています。**「宗教的な目的のために行って」、「その行った結果がその宗教のアピールなどになる場合」はＮＧ**という基準です。

例えば、火災があったから消防車を向かわせる行為を考えてください。宗教的な目的でもないし、宗教のアピールという効果も生じません。

また、私立学校の助成金制度も、宗教的な目的でもないし、その宗教のアピールにもなりません。

このように、裁判所は目的・効果に着目して事件を解決しています。

	事案	結論
津地鎮祭訴訟 （最大判昭52.7.13）	三重県津市の主宰の市体育館の起工式が、神職主宰の下で神式による地鎮祭として挙行し、それに公金を支出した（市施設建設予定地で行われる）。	合憲
愛媛玉串料訴訟 （最大判平9.4.2）	靖国神社、護国神社が挙行した例大祭等に際して愛媛県知事が玉串料として公金を支出した（境内で行われる）。	違憲

この２つの事件、結論が逆になっています。どこに違いがあるのでしょうか。

まず、**行っている行為が一般的な行為か、宗教的な行為かという点に違いがあります**。地鎮祭というのは、工事を始める前に、神主さんがお祈りをするという儀式です。一般常識になっている行為です。

一方、玉串の奉納というのは、一般常識レベルの行為ではありません。

また、**誰が主宰した会合かという点も違います**。片や国が主催していて、片や宗教団体が主催した会なのかという点です。

そして、行われている場所も違います。建設予定地の市の土地なのか、宗教団体の場所なのかという点です。

違憲とされた事件は、「宗教団体が主催した」会で「宗教的な行為」を「宗教団体の中」で行っています。

このような行為に対して、愛媛県がお金を出せば、「靖国神社は他の宗教とは違うのか」と住民に思わせる効果が生じるので、この事例は違憲としました。

では次の2つの事件を見てください。無償で使わせるという点は同じですが、結論が逆になっています。

	事案	結論
箕面忠魂碑訴訟（最大判平5.2.16）	小学校の校舎を建て替え等のため忠魂碑（戦没者記念碑的な性格を有する施設）を他の場所に移設するに当たり、箕面市が市有地を無償で貸与した。	合憲
砂川空知太神社訴訟（最大判平22.1.20）	北海道砂川市が市有地を神社に無償で使用させていた。	違憲

忠魂碑、神社、周りの人が一般的に宗教と思うのはどっちでしょう。

それは神社の方です。

神社は一般的に宗教施設という意識があるので、その施設に市の土地をただで使わせれば、神社に特権を与えていると思われるでしょう。

これで到達！  合格ゾーン

☐ 市長が都市公園内の国公有地上に孔子等を祀った施設を所有する一般社団法人に対して同施設の敷地の使用料を全額免除した行為は、20条3項に違反する（最大判令3.2.24）。

★実質無償で市有地を使わせる行為は、市が特定の宗教に対して特別の便益を提供し、援助していると評価され、違憲と判断されました。

☐ 20条3項の政教分離規定は、いわゆる制度的保障であって、私人に対して信教の自由そのものを直接保障するものではなく、国及びその機関が行うことのできない行為の範囲を定めて国家と宗教との分離を制度として保障することにより、間接的に信教の自由を確保しようとするものである（最大判昭52.7.13)。〔令3-1-ウ〕

★制度的保障の内容を説明している判例です。「直接」保障するものではなく、制度を通じて保障しようとする点（これが間接的というニュアンスです）がポイントです。

問題を解いて確認しよう

1 政教分離の原則に関して、ある特定の宗教法人に対して国が解散命令を発することは、国が当該宗教法人と密接にかかわることになるから、政教分離の原則に違反し、許されない。〔22-2-オ〕 ×

2 政教分離の原則に関して、政教分離規定の保障の対象となる国家と宗教との分離には、一定の限界があり、国が宗教団体に対して補助金を支出することが憲法上許されることがある。〔22-2-イ〕 ○

3 市の主催により、市体育館の建設にあたって行われる神式の地鎮祭に公金を支出することは、政教分離原則に反せず、許される。〔オリジナル〕 ○

4 県知事が、神社が挙行する例大祭に対し玉串料を公金から支出する行為は、一般人からみてそれが過大でない限りは社会的儀礼として受容されるものであり、憲法第20条第3項及び第89条に違反しない。〔オリジナル〕 ×

5 市が、小学校の増改築のため、遺族会所有の忠魂碑を市有地に公費で移転・再建し、その市有地を無償貸与することは、忠魂碑は宗教的施設であるので、政教分離の原則に反する。〔オリジナル〕 ×

×肢のヒトコト解説

1 解散命令後も活動できるので、結社の自由の侵害にはなりません。

4 神社が挙行する会の、玉串という世俗的でない行為にお金を出すことは政教分離原則に反します。

5 忠魂碑は、宗教的な施設の色彩が薄いと評価されています。

第3節 学問の自由

> **23条**
> 学問の自由は、これを保障する。

条文だけでは、具体的に何を保障しているか分かりませんが、次の3つのことを保障していると考えられています。

◆ 23条の内容 ◆

①学問研究の自由	
②学問研究結果の発表の自由（最大判昭38.5.22）	
③大学における教授の自由	研究者がその研究の成果を学生に教授する自由 ① 大学における教授の自由 当然保障される。 ② 初等中等教育機関（小・中・高）における教授の自由 一定の範囲における教授の自由が保障される。 ただし、大学におけるのと同様の完全な教授の自由を認めることはできない（旭川学テ事件／最大判昭51.5.21）。

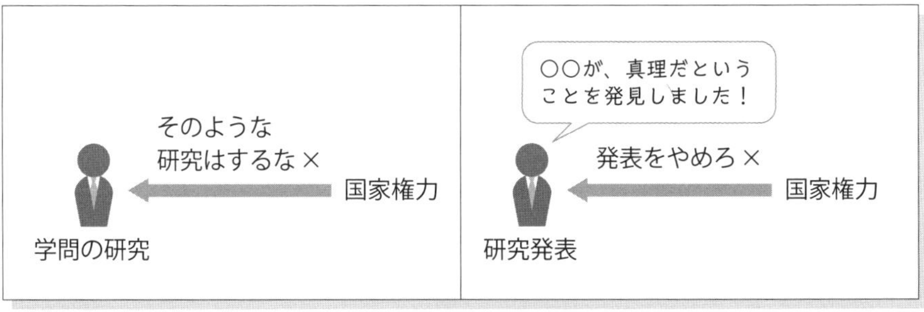

研究する自由だけでなく、それを**発表する自由を認めています**。いくら素晴らしい研究ができても、その内容を発表することができなければ、研究しなくなります。**研究の自由のために、発表の自由を認めている**のです。

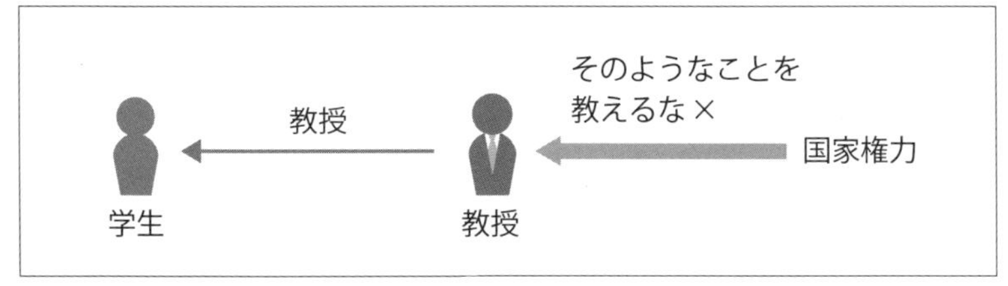

また、**教授の自由**というのも認められています。これは、人のことではなく、教える行為のことを指しています。

具体的には、**何を教えるかは、「ほっといてくれ、干渉しないでくれ、規制をかけないでくれ」**ということです。

大学については、国家による規制をかけることはできませんが、小中高については、国家が規制をかけています。学習指導要領というものがあり、「小学校1年生ではこれを教えなさい、2年生ではこれを教えなさい」と、具体的に規制をかけているのです。

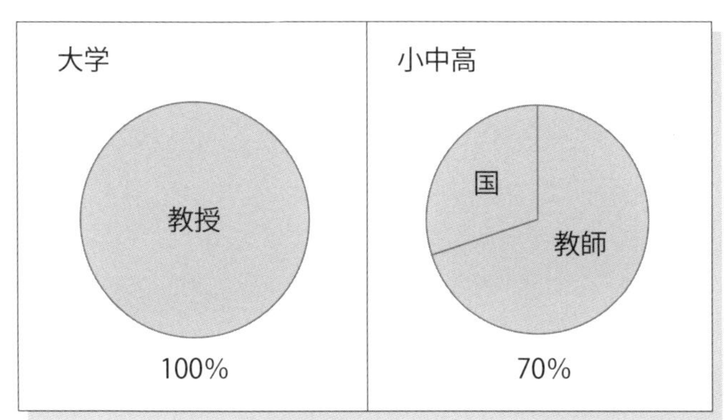

このように**大学であれば、教える内容はすべて教授が決められるのに、小中高では教師に100%の決定権がない**のが実情です。

なぜ小中高では規制をかけるかというと、**学力水準を一定にするため**です。

もし小中高でも何を教えるかを完全な自由にした場合、クラスによって教える内容が違う、するとクラスによって学力の差が出てしまいます。

そういった危険があるので、小中高では、国がある程度規制をかけるようになっています。

大学の自治

大学の運営がその構成員に基づいて自主的に行われること

→　制度的保障

大学のことは大学に運営させますよ、これが大学の自治というものです。

例えば人事、誰を教授にするかは大学が決めていいよとしています。

もし国が大学の教授を決めることになったら、何が起きるでしょうか。

国に批判的な研究というのはしなくなりますね。国に不都合な研究もしなくなるでしょう。

つまり、**研究内容がどんどん制約されてしまう**のです。

大学の自治という制度がないと、結果的には学問の自由が侵害されてしまうのです。

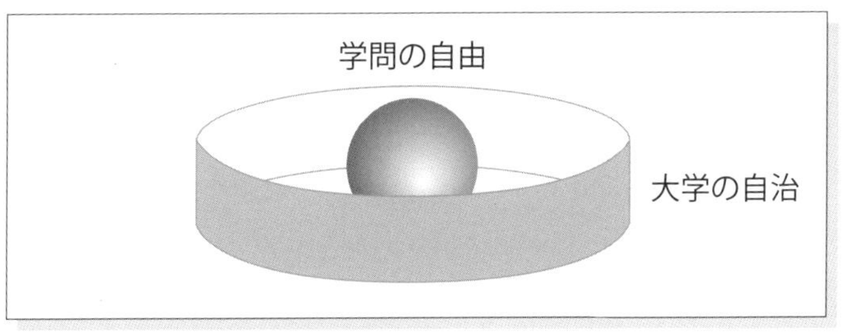

大学の自治は、制度的保障です。

学問の自由という人権を守るために、大学の自治という制度を認めているのです。

では、大学の自治の内容を細かく見ましょう。

大学の自治の内容（一部）
・　人事の自治
・　学生の管理の自治
→　学生は自治の主体ではなく、営造物の利用者（管理の客体）にすぎないため、学生に大学の運営権利に対する参加権を認めていない。

学生の管理の自治という点を見てください。

学生は、大学を治める方ではなく、教授などにより治められる方なのです。

	東大ポポロ事件（最判昭38.5.22）
事件	東京大学の「ポポロ劇団」の演劇発表が教室で行われている最中、観客の中に潜入していた警察官を学生が発見し、これに暴行を加えて起訴された。
争点	警備公安活動のために警察官が大学構内に立ち入ることは、大学の自治を侵害しないか。 →学生の行為は大学の自治に対する違法な侵害行為を排除するための正当な行為であるので無罪ではないか？
結論	大学には自治が認められるが、それは真に学問的な研究およびその結果の発表のための集会には及ぶが、実社会の政治的社会的活動のための集会には及ばないとした。

大学の中に、警察が入ってよいのでしょうか。

犯罪が起きたから、犯罪捜査の目的で入ってくるのは問題ありませんが、情報収集を目的にして入るのはＮＧです。

警察が情報収集していると、研究者は**見張られている感覚を持ち、国に批判的な研究はやめようと繋がっていく危険があります**。そのため、一般的には情報収集の目的で、警察が中に入るのはＮＧなのです。

ただ、この事件の場合、大学内で行われていたことが学問ではなく、政治集会でした。

中で行われているのが学問の自由という人権であれば、大学の自治という壁が出てきます。一方、**中で行われているのが学問でなければ、大学の自治という壁は出てこないため、情報収集が認められます**。

問題を解いて確認しよう

1	学問の自由を定めた憲法第23条により保障されるのは、学問的研究をする自由だけではなく、その研究結果の発表の自由も同条によって保障される。〔オリジナル〕	○
2	学問の自由は、教授の自由を含み、普通教育における教員の教授の自由についても、大学における教員の教授の自由と同じ程度に保障されているというのが判例である。〔オリジナル〕	×
3	国は、国政の一部として適切な教育政策を実施する義務を負っているから、教育内容についても全面的に決定する権能を有する。〔オリジナル〕	×
4	我が国の法制上、子供の教育内容を決定する権能は、親を中心とする国民の側にあり、国家は教育内容について決定する権能を有しない。〔オリジナル〕	×
5	大学における学生は、教授の指導の下に研究に従事する存在であるから、大学の自治の主体的構成者として大学の管理運営に対する参加権を有する。〔オリジナル〕	×
6	大学における学生の集会が実社会の政治的社会的活動に当たる行為といえる場合には、大学の有する特別の学問の自由と自治を享有しない。〔オリジナル〕	○

×肢のヒトコト解説

2 普通教育では、100%の教授の自由を認めていません。

3 全面的ではありません。

4 国家にも決定する権能があります。

5 学生は治める方ではなく、治められる方です。

第4節 表現の自由

> **21条**
> 1 集会、結社及び言論、出版その他一切の表現の自由は、これを保障する。

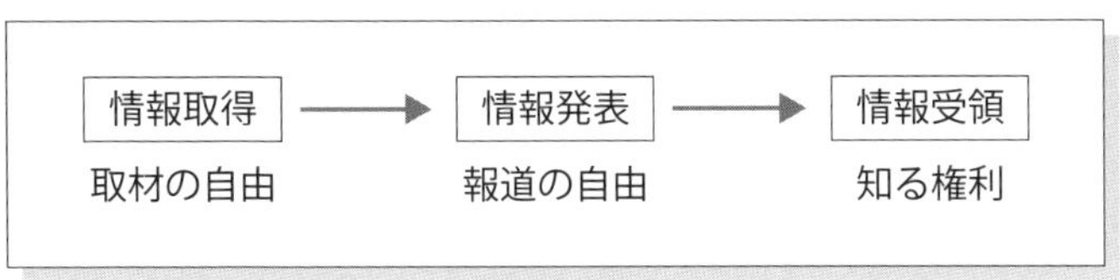

こちらには、マスコミが**情報を取得し、それを発表し、受け取る**という流れが載っています。このすべての過程において、自由が必要です。

ただ、現実には、国家が制約をかけることが多いのです（例えば、ある国で「天安門事件」をネット上で検索をしても、それが全く検索できないように国家が規制しています）。

この3つの自由ですが、判例の評価が少々異なります。次の図を見てください。

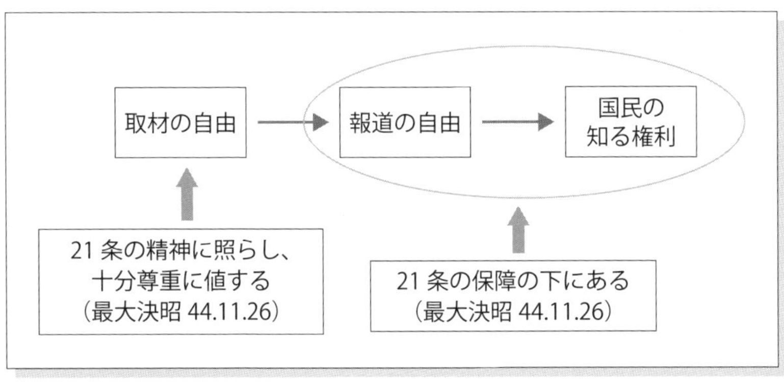

報道の部分と知る権利については「保障する」としていますが、取材の部分については、**「尊重に値する」という表現**になっています。

そのため、**取材の自由は、報道の自由や知る権利と比べて、制約がかけられやすい**ことになります。

これから見る事件は、すべて取材の部分についての制約の話です。

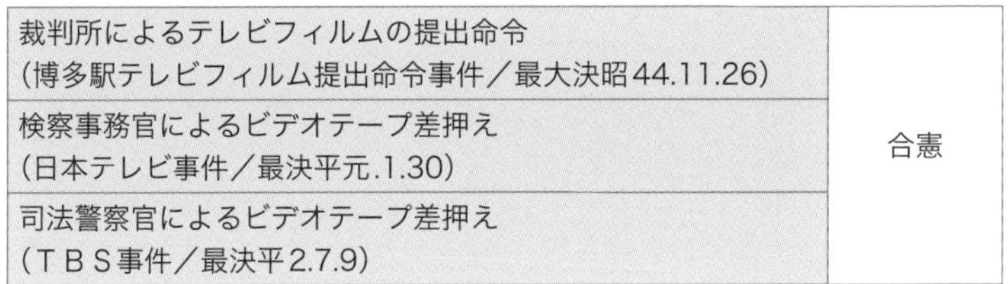

裁判所によるテレビフィルムの提出命令 （博多駅テレビフィルム提出命令事件／最大決昭44.11.26）	合憲
検察事務官によるビデオテープ差押え （日本テレビ事件／最決平元.1.30）	
司法警察官によるビデオテープ差押え （ＴＢＳ事件／最決平2.7.9）	

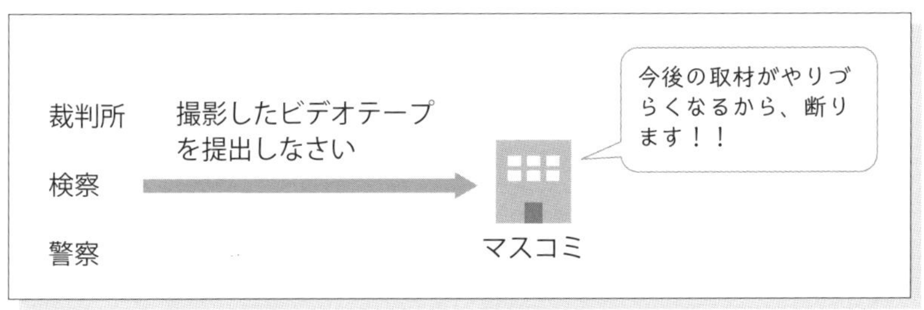

上の図は、テレビ局が取材したビデオテープを、国家権力が押収した事件です。

裁判所が押収した事件、検察が押収した事件、警察が押収した事件、**すべてを合憲としています**。

ビデオテープを持って行かれてしまうと、今後のテレビ局の取材がやりづらくなりますが、それに優先する利益があります。

公正な裁判です。

そのビデオテープが裁判の重要証拠だったのです。**それがなければ、しっかりとした裁判ができないため、押収を認めている**のです。

	問題の所在	判旨
石井記者事件 （最大判昭27.8.6）	刑事裁判において新聞記者は取材源の秘匿を理由に証言を拒否できるか？	刑事裁判において、新聞記者に証言拒絶権は認められない。
ＮＨＫ記者事件 （最決平18.10.3）	民事裁判において新聞記者は取材源の秘匿を理由に証言を拒否できるか？	民事裁判において、新聞記者は、原則として、取材源にかかる証言を拒絶することができる。

これは、取材源を隠しておきたいという論点です。

いわゆるオフレコをイメージしてください。

その後、裁判がありB記者が証人として呼ばれ、「この情報を誰から聞きましたか」ということを聞かれました。

B記者としては、これは隠しておきたいところです。

オフレコということで聞いたのに、その情報源をばらしたら、その記者さんの記者生命がなくなります（もう誰も、その記者にオフレコ話をしなくなるでしょう）。

そのため、裁判において、誰から聞きましたかというのは隠したいところです。ただし、**それが分からないと裁判ができないということもあるでしょう**。

判例は、**刑事事件と民事事件で結論を分けています**。

民事の事件、最終的な判決は、「金を払え」ということがメインです。それと記者生命どっちが重いでしょう。

一方、刑事事件の最終的な判決は、懲役刑とか死刑などもあります。それと記者生命はどっちが重いでしょう。

前ページの下の図表を、今一度確認してください。**刑事の場合は刑事事件の方が重い、民事の方は記者生命の方が重い**と覚えておけばいいでしょう。

> 国家機密に対する取材活動
>
> 報道機関が公務員に秘密の漏示をそそのかす行為は、それが真に報道の目的からでたものであり、その手段・方法が法秩序全体の精神に照らし相当なものであれば、正当な業務行為というべき（最決昭53.5.31）。
>
> □ 新聞記者が、外務省の事務官から「情を通じて」極秘電文を入手し、国会議員の1人に流した行為は、正当な取材活動の範囲を逸脱し、違法となる。したがって、秘密漏示そそのかし罪（国家公務員法111・109⑫・100Ⅰ）が成立する。

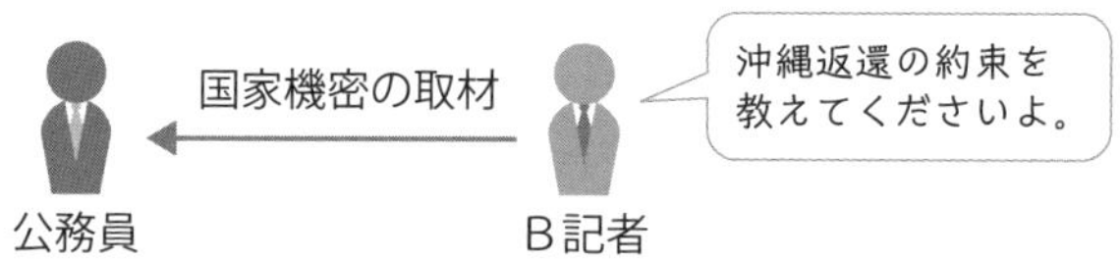

公務員が国家機密をばらすことは犯罪です。また、国家機密をばらすことを、公務員にそそのかすことも犯罪です。では、マスコミが公務員に国家機密を聞き出す、これは犯罪でしょうか。

国家機密を聞き出すというのは取材に当たります。そのため、この行為は犯罪になりません。

かつて、国家機密を聞き出すために、公務員の方と男女関係になって話を聞き出し、そして聞き出した後、男女関係を絶つという事件がありました。

判例は、そういった活動に関しては、もはや正当な取材活動ではないと評価しました。

ここは、**「聞き出すぐらいは普通の正当な業務で許される」、「ただやり方によっては正当と評価されないことがある」という2点を押さえてください**。

> 傍聴人がメモを取る自由は、21条の精神に照らして尊重されるべきであり、裁判の運営を妨げる特段の事情のない限り、故なく妨げられてはならない（レペタ事件／最大判平元.3.8）。

法廷でメモを取る、これは、取材・報道・知る権利のどの部分でしょう。

これも取材の部分です。**取材の部分だから、保障ではなく、尊重される**になります。

そして、メモを取ることができるかどうかは、**「裁判の運営を妨げる特段の事情のない限り」という基準で判断する**ことを判示しています。

次の行為が訴訟の妨害になるかを考えてください。

法廷内に取材カメラを置く　法廷外でカメラ撮影をする　法廷内でメモを取る

法廷内で被告の絵を書く

法廷内にカメラや機材をおけば、裁判の邪魔になりますね。

法廷で写真撮影をする、パシャパシャという音は、邪魔になりますよね。

一方、メモを取るなり、絵を書くぐらいだったら邪魔にならないでしょう。そのため、「妨げてはならない」という結論を出しているのです。

これで到達！  **合格ゾーン**

<レペタ事件、その他の争点>

☐ 表現の自由の場合に一般に必要とされる厳格な基準が要求されるものではない。

★筆記行為の自由は、21条1項によって直接保障されている表現の自由そのものとは異なるため、厳しい基準を採用しないと判示しました。

☐ 法廷におけるメモ採取は、特段の事情のない限り、これを傍聴人の自由に任せるべき。

★公正かつ円滑な訴訟運営は、傍聴人のメモを取る行為より優越する法益であるから、公正かつ円滑な訴訟運営を妨げる場合には、傍聴人のメモを取る行為が制限・禁止されるべきことは当然ですが、傍聴人のメモを取る行為が公正かつ円滑な訴訟運営を妨げることは、通常ありえません。

写真撮影は、時・場所によっては好ましくない結果を生ずるので、裁判所が裁量で禁止できる（最大決昭33.2.17）。

上で説明したとおり、**写真撮影行為は裁判の邪魔になる可能性があるため**、裁判所の裁量で禁じることが認められています。

	問題	解答
1	取材の自由は憲法第21条に照らして十分に尊重されなければならず、報道機関の正当な取材活動によって得られたものを裁判の証拠として提出させることは、間接的に取材の自由を侵すものであり、表現の自由の侵害として憲法に違反する。〔オリジナル〕	×
2	報道の自由は、憲法21条の精神に照らし、十分尊重に値する。〔オリジナル〕	×
3	取材の自由は憲法の規定の精神に照らして十分尊重に値するから、刑事事件において、新聞記者が取材源について証言を拒絶することも、憲法上認められる。〔オリジナル〕	×
4	民事訴訟において、新聞記者が取材源につき証言を拒絶することは、認められない。〔オリジナル〕	×
5	報道機関が取材の目的であっても、公務員に秘密を漏示するようそそのかす行為は、正当な業務行為とはいえず、直ちに違法性が推定される。〔オリジナル〕	×
6	報道機関の国政に関する取材行為は、取材の手段・方法が一般の刑罰法令に触れる行為を伴う場合はもちろん、その手段・方法が一般の刑罰法令に触れないものであっても、取材対象者である国家公務員の個人としての人格の尊厳を著しく蹂躙する等法秩序全体の精神に照らし社会観念上是認することのできない態様のものである場合にも、正当な取材活動の範囲を逸脱し違法性を帯びる。〔28-1-イ〕	○
7	憲法第82条第1項により裁判の公開が制度として保障されていることに伴い、各人は裁判所に対して傍聴することを権利として要求することができ、傍聴人は法廷においてメモを取ることを権利として保障されている。〔オリジナル〕	×
8	憲法が裁判の対審及び判決を公開法廷で行うことを規定しているのは、手続を一般に公開してその審判が公正に行われることを保障する趣旨にほかならず、公判廷の状況を一般に報道するための取材活動として行われる写真撮影は、その後に行われる報道を通じて審判の公正の担保に資する点で正にこの趣旨に合致するものであるから、取材のための公判廷における写真撮影の許可を裁判所の裁量に委ねることは、許されない。〔28-1-ウ〕	×

×肢のヒトコト解説

1　押収は、裁判のために必要なため、取材の自由より優先します。

2　報道の自由の部分は「保障」しています。

3　刑事事件では、裁判が優先されます。

4　民事事件では、取材の自由が優先します。

5　原則は取材が認められています。

7　取材の部分は、保障ではなく、尊重です。

8　写真撮影には裁判所の許可が必要です。

◆ その他表現行為に対する制約 ◆

論点	結論
ビラ配布目的での集合住宅への立入りを住居侵入で処罰することの合憲性（最判平20.4.11）	処罰は合憲 （理由） 一般人が自由に出入りすることのできない場所に管理権者の意思に反して立ち入ることは、私的生活を営む者の私生活を侵害するもの。
青少年の保護育成の目的で、特に青少年に対して有害と考えられる図書や映画などを条例で規制することの合憲性（岐阜県青少年保護育成条例事件／最判平元.9.19）	必要かつ合理的な制約 （理由） 青少年の健全な育成を阻害する有害環境を浄化するため。

人の家に勝手に入ってきて、「私は○○だと思う」と叫ばれたら、家主はどう感じるでしょう。

はっきりいって、迷惑ですね。

人権は確かに強い権利ですが、無制限ではありません。**人権は他人の人権とぶつかれば制約をうけます**（この原理を公共の福祉といいます。第２編第２章第３節参照）。

上記の判例は

・私的生活を営む者の私生活

・青少年の健全な育成

という利益とぶつかるため、表現の自由が制約された事件でした。

これで到達！ 合格ゾーン

□ 営利的言論は、精神活動の所産としての表現とは区別すべきだとして、これを財産権（29）や営業の自由（22）の一環であると捉える見解もあるが、通説は、表現の自由を規定する21条によって保障されるとする。

★営利広告を見ることによって、「こういう商品があるのか」と新たな発見をします。通説は、営利広告も国民の知る権利に貢献するということで、他の表現と同じ扱いにしています。

□ あん摩師等法による適応症の広告を内容の真偽にかかわらず全面禁止することは、21条に違反しない（あん摩師等法事件／最大判昭36.2.15）。

★「あん摩はすると○○の効果があります」という広告を認めると、「お客を招こうとして嘘の広告を作る→誤解する→適切な病院に行かなくなる」という事態が起こるかもしれないとして禁止しています。これは、公共の福祉を維持するため合憲と判断されました。

◆ 選挙運動の自由 ◆

論点	結論・補足	
選挙運動の自由は憲法上保障されるか？	○	21条により保障される。
選挙運動の自由は制限を受けるか	△	選挙の公正の確保という要請から一定の制限に服する。（注）

（注）最高裁が合憲と判断したもの
- 戸別訪問の一律禁止（最判昭56.6.15）
- 事前運動の禁止（最大判昭44.4.23）
- 選挙についての文書頒布などの制限（最大判昭30.3.30）

憲法には、「○条　国民は、選挙運動をすることができる」という条文がありません。ただ、選挙運動は、選挙のために必要不可欠な行為であるため、認めるべきです。判例、通説は**「選挙運動は、自分の考え方を伝える」**ことから、**21条の表現の自由で保障する**としています。

ただ、この選挙運動、実際には法律で色々なことが規制されています。その規制はすべて合憲とされています。中でも出題があるのが「戸別訪問の禁止」という規制です。

これは、有権者の自宅の中に入って、選挙活動をするのはＮＧという規制です。**「自宅に入る→密室になる→買収」する恐れがあるため、設けている規制**として合憲とされています。

問題を解いて確認しよう

1	戸別訪問は国民の日常的な政治活動として最も簡便で有効なもので、表現の自由の保障が強く及ぶ表現形態であり、買収等がされる弊害が考えられるとしてもそれは間接的なものであって戸別訪問自体が悪性を有するものではなく、それらの弊害を防止する手段が他にも認められるから、選挙に関し、いわゆる戸別訪問を一律に禁止することは違憲である。〔21-2-エ〕	×

ヒトコト解説

1　戸別訪問の禁止は憲法に反しません。

> 反論権
> マスメディアに対して、個人が意見発表の場を提供することを求める権利（例えば、反論記事の掲載要求や番組への参加することを要求すること）。

これが**反論権と呼ばれている論点**です。これはマスコミの権利ではなく、マスコミに対する権利です。

一般的には、「マスコミに批判されたら、そのマスコミに対し、反論することができる」権利のことをいいます。

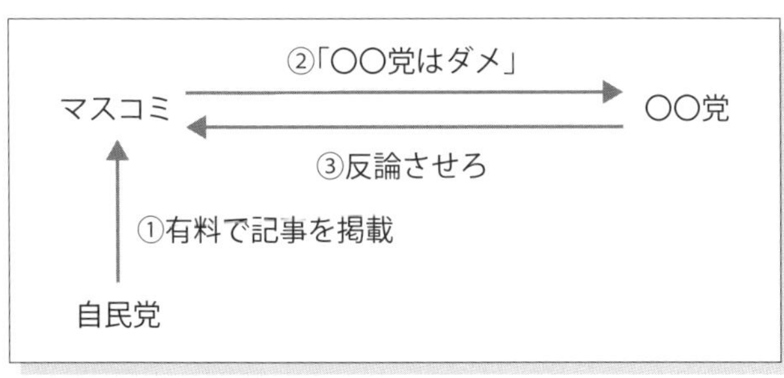

自民党がある政党に対し、「○○党さん、おかしくないですか」といった意見広告（お金を払っています）を掲載しました。

それに対し、その政党が「いやそれおかしい。反論させろ」とそのマスコミに対して、自分たちの意見を、無料で無修正で掲載させろと主張しました。

> サンケイ新聞事件（最判昭62.4.24）
> 自民党がサンケイ新聞紙上に掲載した意見広告が、共産党の名誉を毀損したとして、共産党が、産業経済新聞社に対し反論文を無料かつ無修正で掲載することを要求した事件。
> → 具体的な成文法なしに反論権を認めることはできない。

裁判所は、原告の主張を認めませんでした。

これを認めることが、マスコミの表現の自由の制約になるからです。

全国紙の新聞の一面を使えば、約２億円ぐらいの広告収入が取れると聞きます。

もし反論権を認めると「マスコミが批判する→向こうが反論権を主張する→ただで反論を載せる→２億円損する」となり、批判したら２億円損することになりかねません。

もし、このような仕組みになったら、マスコミは「損するのは嫌だから、批判するのをやめておこう」という方向になるでしょう。

「反論権を認めると、批判する記事を躊躇するようになる」、結果として表現を制約してしまうため、反論権を認めませんでした。

問題を解いて確認しよう

1	新聞社の広告に名誉毀損などの違法性がない場合であっても、相手方はそれに対し反論をする機会が与えられてしかるべきであるから、反論文掲載請求権が成立する。〔オリジナル〕	×

ヒトコト解説

1　反論文掲載請求権を、判例は認めていません。

21条
2　検閲は、これをしてはならない。

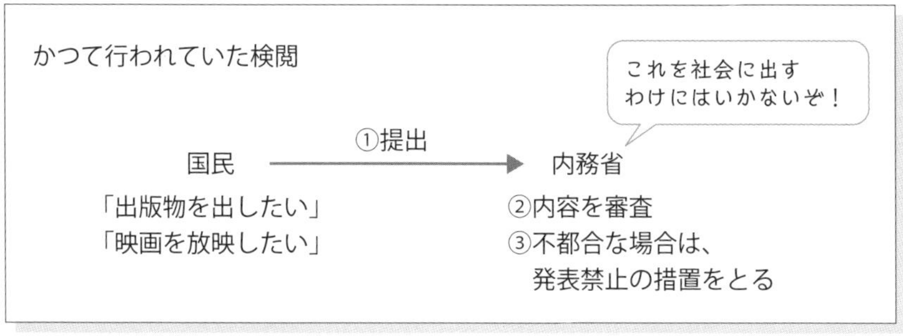

昔、上の図のようなことをしていました。こういった苦い歴史があるので、こういったことを検閲と呼んで、**絶対にやってはいけない（絶対禁止）**としました。

では、どんなものが検閲となって、絶対禁止になるのでしょうか。

覚えましょう

検閲の要件
①行政権が主体
②思想内容等の表現物を対象
③表現物の全部または一部の発表の禁止を目的
④網羅的一般的に、発表前に表現物の内容を審査
⑤不適当と認めるものの発表を禁止すること

この要件ですが、特に①⑤はしっかりと覚えてください。
「行政権が、発表を禁止する」ことはＮＧだという点です。

	税関検査事件（最大判昭59.12.12）
事件	Xが欧米所在の商社からわいせつ画像を含む映画フィルム等を購入・輸入したところ、税関がフィルム等を検査し、輸入禁制品に該当する旨をXに通知した。
争点	税関検査が検閲に該当するか。
結論	税関検査は、すでに海外で発表済みの表現物を検査するものであるから、憲法が絶対的に禁止する検閲には該当しない。

ある方が海外からエロ本を輸入しようとしたところ、日本の税関が「これはエロすぎる」として、ストップをかけたのです。そこでエロ本を輸入しようとした人が、これは国がやってはいけない検閲だと主張しました。

この行為は検閲でしょうか。

確かに、税関という行政がやっていますが、発表を禁止していません。

このエロ本は、海外ではすでに発表されています。今回、税関がやったことは、発表を禁止することではなく、**受取りを禁止したにすぎません**。そのため、この**税関検査は検閲になりません**。

	教科書検定事件／第一次家永訴訟（最判平5.3.16）
事件	高校用の日本史の教科書が、検定不合格の判定を受けた。
争点	教科書検定は検閲に該当するか。
結論	教科書検定は、不合格図書をそのまま一般図書として発行することを妨げない。よって検閲にならない。

日本の教科書として出すには検定を受ける必要があります（間違っている内容のものを、教科書にしないようするためのチェックです）。

この教科書検定で、文部科学省から認定されなければ、教科書として発表することはできなくなります。

ここで、文部科学省等によって、教科書認定を受けなかった方が、「これはやってはいけない検閲だ」と主張しました。

では、これは検閲に当たるのでしょうか。

確かに認定をされなければ、教科書としては発表できませんが、一般の本屋さんでおくことが可能です（売れるかどうかは別ですが…）。そのため、この教科書検定は、検閲には当たりません。

	北方ジャーナル事件（最大判昭61.6.11）
事件	知事選挙の候補者を批判攻撃する記事を掲載した雑誌が、発売前に名誉毀損を理由に、裁判所によって差し止められた。
争点① 裁判所の事前差止めが検閲に該当するか。	裁判所による出版物の事前差止めは検閲には当たらない。

知事選に立候補しようとした人に対して、「うそっぱちの記事を書いて、知事選に影響を与えてやろう」と考えた出版社がいました。それを事前に知った立候補者が、裁判所に申し立てて、出版禁止の仮処分を申し立てて認められました。

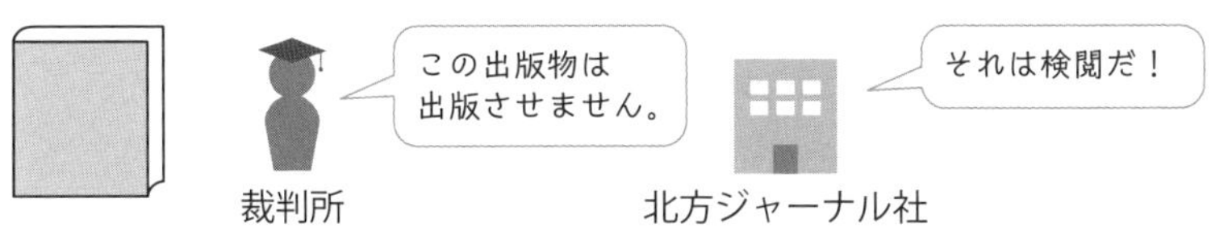

その結果、裁判所によって、北方ジャーナルは発表が禁止されました。ここで北方ジャーナルが、「これはやってはいけない検閲ではないか」と主張しました。

今回、発表が禁止されています。ただ、禁止したのは、裁判所という司法権です。**行政が禁止したわけではないので、検閲にはなりません**。

争点② 事前抑制はいかなる場合に許されるか。	もっとも出版物の事前差止めは、事前抑制の一種であるから厳格かつ明確な要件の下においてのみ許される。 すなわち、 ⅰその表現内容が真実ではなく、またはそれが専ら公益を図る目的のものでないことが明白であって、 かつ、 ⅱ被害者が重大にして著しく回復困難な損害を被るおそれがあるときに限り、例外的に事前差止めが許される。

ただ、気を付けて欲しいのは、
裁判所による出版禁止の処分は、検閲には当たらないけど
原則としてやってはいけない
ということです。

発表の差止めになるため、最高裁は限定的な要件をクリアした場合にのみ認めるという立場を取っています。

内容がウソであり（又は、公益目的でないのがあきらか）

かつ

回復することができない損害が生じる場合だけしか、出版禁止の仮処分を認めません。

1	検閲の禁止は、絶対的禁止を意味するものではなく、検閲に当たる場合でも、厳格かつ明確な要件の下で検閲が許容される場合はあり得る。〔26-1-イ〕	×
2	輸入される表現物に対する税関検査は、検査の結果その表現物が輸入禁制品に当たると認められた場合には、輸入を適法に行うことができず発表そのものが事前に一切禁止されることとなるから、憲法が禁止する検閲に当たる。〔オリジナル〕	×
3	教科用図書の検定は、不合格となった図書をそのまま一般図書として発行することを何ら妨げるものではないから、検閲には当たらない。〔26-1-エ〕	○

4	裁判所の仮処分による出版物の事前差止めは、訴訟手続を経て行われるものではなく、争いのある権利関係を暫定的に規律するものであって、非訟的な要素を有するものであるから、検閲に当たる。〔26-1-ウ（令2-1-オ）〕	×
5	裁判所が、表現内容が真実でないことが明白な出版物について、その公刊により名誉侵害の被害者が重大かつ著しく回復困難な損害を被るおそれがある場合に、仮処分による出版物の事前差止めを行ったとしても、憲法に違反しない。〔15-1-3〕	○

×肢のヒトコト解説

1　検閲は絶対禁止で、検閲に当たるのに許されるケースはありません。

2　発表の禁止ではないので、検閲に当たりません。

4　裁判所が行っているので、検閲に当たりません。

~民法や会社法などの経済活動への制約の源は、ここにあります~

第2章 経済的自由権

ここからは、経済活動をすることについて、ほっといてくれ、干渉しないでくれ、規制をかけないでくれという部分に入ります。
精神的自由権と同じほど出題実績があるところなので、時間をかけて読むようにしてください。

第1節 職業選択の自由

22条
1　何人も、公共の福祉に反しない限り、居住、移転及び職業選択の自由を有する。

この条文を見る限り、自分の職業を決定する自由と、その決定したものを行う自由、どっちを認めていますか?

これは決定する自由しか読み取れません。ただ、**決定はできても、それをやることはできないでは意味がない**ですね。

職業選択の自由	自己の従事すべき職業を決定する自由
営業の自由	選択した職業を遂行する自由(最大判昭47.11.22)

判例により、**行う自由も認められています**。この自由のことを、特に営業の自由といいます。

◆職業選択の自由に対する規制　合憲性判定基準（目的二分論）◆

	消極目的による規制	積極目的による規制
意義	自由国家的な見地から、国民の生命及び健康に対する危険を防止するために、職業の選択とその遂行に対して加えられる規制	社会国家的な見地から、社会経済政策の実現（社会的・経済的弱者の保護など）を目的として、職業の選択とその遂行に対して加えられる規制

職業選択の自由、どんな仕事でも選べる自由ですが、実際には、制約が入っています。

例えば医者は、どんな人でもなれるわけではありません。

ではなぜ誰でもなってはいけないのでしょうか。

医療の知識がない、そういう人が医者になれば、人にマイナスを与える可能性があります。人にマイナスを与える可能性がある、だから、医者は誰でもなれないように規制をしています。

こういう規制のことを、消極目的規制といいます。

消極という字から、マイナスというイメージを持ってください。

消極目的規制
→　マイナスを出したくないから、課している規制

このように考えましょう。

職業選択に規制をかけるのは、消極目的以外にも積極目的という場合もあります。

積極という字からプラスというイメージを持ってください。

積極目的規制
→　弱者にプラスを与えるために、強者に課す規制

大規模な店舗を作ること、昔は相当規制していました。大規模な店舗ができれば、周りの商店街がつぶれてしまうため規制したのです。

このように、**弱者を保護するために強者に課す規制を積極目的による規制**と呼びます。

この２つの規制の分類は、非常に重要です。なぜなら、どこまで規制ができるかが異なるためです。

次の図を見てください。

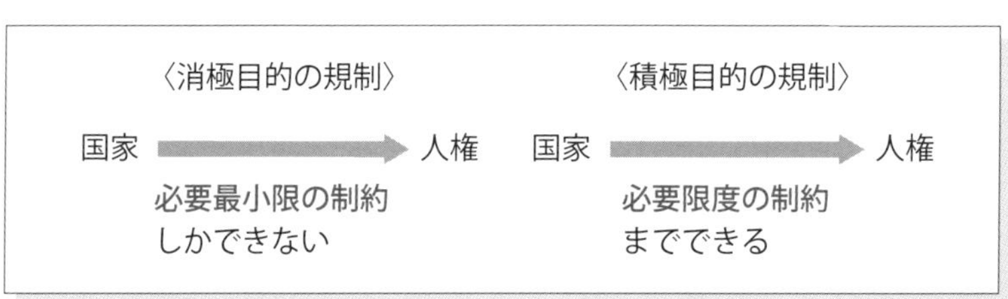

このように2つの記載のパターンがありますが、実は、**規制ができる程度が相当違います**。

マイナスを出したくないという場合は、ぎりぎりまでしか制約ができないのですが（必要最小限度の制約）、一方、弱者保護のために強者に制約をかける場合は、もっと制約することができます（必要限度の制約）。

弱者保護のためであれば、強者をある程度制約しても構わないと押さえておきましょう。

では、職業選択の自由に課した規制が許されるのかどうか、実際の事件と判例が使っている合憲違憲の基準を紹介します。

判例は、規制目的によって、合憲・違憲になる基準を変えているのです。

	消極目的による規制
合憲性判定基準	〈厳格な合理性の基準〉 合憲性が認められるためには、規制手段が立法目的との関連でより制限的でないものが存在しないことを要する。
判例	薬事法事件（最大判昭50.4.30） ↓ より緩やかな手段があるから違憲

消極目的のときの基準ですが、ざっくりしたイメージでいうと、

厳格な合理性の基準
今の規制より、もっと緩やかな規制がある
→　今の規制がアウトになる

という感じです。

具体的な事件を紹介します。

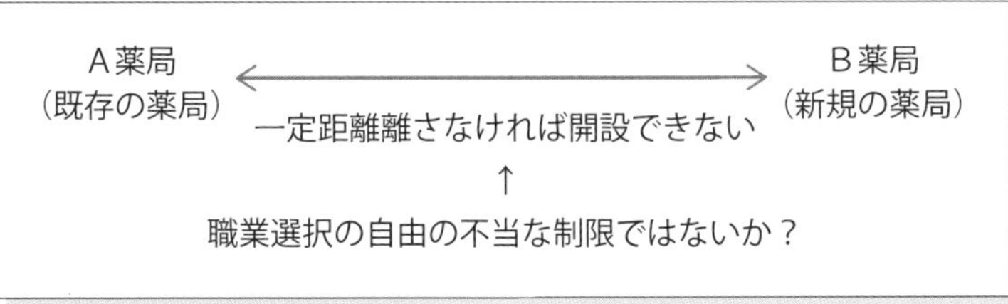

昔、薬局を自由に設置することができず、ある場所に薬局が開業されると、その近くでは薬局を開業することはできませんでした。

この法律はおかしいとして、訴える方が出たのです。

では、なぜこのような規制があったのでしょう。

薬事法の規制は、消極目的の規制だと言われています。**「薬局がいっぱいできる→過当な競争になる→コストを下げようとしていく→そのために、安かろう悪かろうの薬を売り始める→国民が飲む→腹を壊す」**このように、国民にマイナスを出したくない規制、消極目的規制だったのです。

これは距離制限以外に、防ぐ方法はないのでしょうか。安かろう悪かろうの薬が出回るのを防ぐには、距離制限以外に方法はないでしょうか。

立入検査をすればいいだけです。

「距離制限以外にももっといい手があるので、この距離制限のルールはアウト！」と、裁判所から無効と宣言されました（その後国会で、この部分のルールを廃止をしています）。

	積極目的による規制
合憲性判定基準	〈明白性の原則〉 立法府がその裁量権を逸脱し、当該法的規制措置が著しく不合理であることの明白である場合に限って、違憲となる（最大判昭47.11.22）。
判例	小売市場事件（最大判昭47.11.22） ↓ 著しく不合理であることが明白でないから合憲

次は積極目的規制をする場合の基準です。この基準は明白性の原則と呼ばれます。

著しく不合理：めちゃくちゃ　というニュアンスです。

明白：ぱっと見て分かる　というニュアンスです。

つまり、

明白性の原則
めちゃくちゃだというのが、ぱっと見て分かる場合「だけ」違憲と判断する基準

国会が作るルールにこういったことは起きるでしょうか。

普通、こんな事態はありえません。そのため、**合憲の推定**とも言われています。

小売商業調整特別措置法の規定する小売市場の距離制限
↓
規制目的は、小売市場の乱設に伴う小売商相互間の過当競争による小売商の共倒れ防止

ある場所に小売市場を開設すると、近くに開設することはできない、薬局と同

じように距離制限の規制が敷かれていました。

これは、小売市場の共倒れを防ぐためです。

小売市場、中に入っている1つ1つの店舗は非常に小さいです（想像ができない方は、ネットで検索をしてみてください）。

これが近くにいっぱいあると、両方とも共倒れになってしまうため、新たな出店を認めませんでした。

弱者保護の規制になっていることに気付いたでしょうか。

弱者保護の規制では、**明白性の原則が使われるので、まず合憲となります。**

◆ 公衆浴場法の距離制限規定 ◆

	最大判昭30.1.26	最判平元.1.20	最判平元.3.7
規制目的	国民保健および環境衛生という消極目的規制	公衆浴場業者の経営安定という積極目的規制	保健衛生の確保と自家風呂を持たない国民にとって必要不可欠な厚生施設の確保という消極・積極2つの目的
結論	合憲	合憲	合憲

銭湯にも距離制限があります。この距離制限を置いた理由、判例の評価が変化しています。

昔は消極目的規制、その後、積極目的規制と評価され、今は両方の要素が入っているのです。

消極目的規制というのは、「銭湯が近くにできる→過当競争になる→コストを下げようと、掃除しなくなる→菌が湧く→入った人が、体調を崩す」ということです。

一方、積極目的規制ですが、ここではお風呂がない家庭を考えています。お風呂がない住居に住む方は、強者ではなく弱者と考えています。

「銭湯が乱立する→過当競争になる→共倒れになる→その結果、お風呂に入れなくなる人が出てくる」だから規制したということです。

判例は、昔は消極目的の規制と評価していたのが、その後に積極目的の規制と評価し、今では両方の要素があると評価しています。ただ、どの事件でも距離制限は合憲としています。

問題を解いて確認しよう

1	判例は、職業選択の自由に対する消極的・警察的規制については、規制の必要性、合理性及び同じ目的を達成し得るより緩やかな規制手段の有無を審査する。〔オリジナル〕	○
2	国が、積極的に、国民経済の健全な発達と国民生活の安定を期し、もって社会経済全体の均衡のとれた調和的発展を図る目的で、立法により、個人の経済活動に対し、一定の法的規制措置を講ずる場合には、裁判所は、立法府がその裁量権を逸脱し、当該措置が著しく不合理であることの明白である場合に限って、これを違憲とすることができる。〔令3-2-イ〕	○
3	薬局距離制限事件で判例は、距離制限が薬局の経営保護という社会経済政策の一環としての規制であり、目的に合理性が認められ、規制手段も著しく不合理であるとはいえないとして、距離制限の合理性を認めた。〔オリジナル〕	×
4	小売市場事件で判例は、小売市場開設の許可規制が消極的・警察的目的の規制であると認定したが、規制の目的に対して規制手段は必要以上に制限的でないとして、許可規制の合理性を認めた。〔オリジナル〕	×
5	経済的基盤の弱い一般の小売商を保護するために、新たな小売市場の開設に都道府県知事の許可を条件とすることを法律で定めることは、憲法第22条第1項に違反しない。〔オリジナル〕	○
6	判例は、公衆浴場の設立を業者の自由に委ねると偏在のおそれや乱立による過当競争のおそれがあるとし、公衆浴場距離制限を消極的警察的目的の規制であるとしたうえで、当該規制は違憲であるとした。〔オリジナル〕	×

×肢のヒトコト解説

3 薬局の距離制限は、消極目的規制です。

4 小売市場の距離制限は、積極目的規制です。

6 公衆浴場の距離制限は、消極・積極2つの目的を持っています。

第2節 居住・移転の自由

22条
1　何人も、公共の福祉に反しない限り、居住、移転及び職業選択の自由を有する。
2　何人も、外国に移住し、又は国籍を離脱する自由を侵されない。

1項は、「どこに行くとしても、規制しないよ、ほっとくよ」という条文です。

2項は、「日本にとどめないよ、海外に移り住みたかったら、止めないよ」と規定しています。

では、外国旅行はどの条文で保障しているのでしょう。**条文では、外国旅行を明確に規定していません。**

Point

旅行のような一時的な人の移動（旅行の自由）も含む。外国へ一時旅行する自由は、「外国に移住する自由」（22条2項）により保障される（帆足計事件／最大判昭33.9.10）。

→　憲法22条は、国内における居住・移転の自由を1項に、外国に関連をもつ自由を2項でまとめて保障している。

外国旅行は2項で保護していると考えるのが判例です。

その結果、22条を、1項が国内用の条文、2項が外国用の条文と綺麗に分けることができるのです。

	帆足計事件（最大判昭33.9.10）
事件	帆足計（当時：前参議院議員）が、モスクワで開催される国際経済会議に出席するため旅券の発給を申請したところ、外務大臣が発給を拒否した。
判旨	旅券法13条1項5号は、外国旅行の自由に対し、公共の福祉のために合理的な制限を定めたものであり、特に占領治下の我が国の当面する国際情勢の下においては、国際経済会議に参加することは、著しくかつ直接に日本国の利益又は公安を害するおそれがあるものと判断して、旅券の発給を拒否した外務大臣の処分は違法ではない。

パスポートの発給を請求したら拒否されたため、拒否された国会議員は訴訟に出ました。この事件のポイントは、22条2項という海外旅行の自由に、公共の福祉による制約がかかるかという点です。

公共の福祉という言葉は、条文上、22条1項にしか書かれていません。

ただ、**公共の福祉というのは、すべての人権にかかる原理**です。だから、条文に載っていなくても、海外旅行は公共の福祉による制限を受けます。

問題を解いて確認しよう

1	憲法第22条第2項の外国に移住する自由は、移住を目的として生活の本拠を恒久的に外国へ移転する自由を含むが、単に外国へ一時旅行する自由を含むものではない。〔令3-2-ウ（23-1-ア）〕	×
2	教授：それでは、海外渡航の自由を制限することはできますか。 学生C：私は、海外渡航の自由は、憲法第22条第2項が根拠規定だと考えますが、憲法第22条第2項は、憲法第13条や憲法第22条第1項と異なり、「公共の福祉に反しない限り」という文言がありませんので、海外渡航の自由を制限することはできないと考えます。〔23-1-ウ〕	×
3	学生D：私は、海外渡航の自由といえども、無制限のままに許されるものではなく、公共の福祉のために合理的な制限に服するものと考えます。〔23-1-エ〕	○

×肢のヒトコト解説

1　22条2項は、外国へ一時旅行する自由まで保障しています。

2　公共の福祉による制約は、すべての人権で許されます。

第3節 財産権

> **29条**
> 1 財産権は、これを侵してはならない。
> 2 財産権の内容は、公共の福祉に適合するやうに、法律でこれを定める。
> 3 私有財産は、正当な補償の下に、これを公共のために用ひることができる。

この条文は、1項2項3項すべてが出題される部分です。まず1項の論点から見ていきます。

◆ 29条1項の内容 ◆

保障内容	① 私有財産制（制度的保障） ② 個人の財産権
財産権の意義	一切の財産的価値を有する権利。所有権その他の物権、債権のほか、著作権、特許権その他の無体財産権、鉱業権、漁業権などを含む

1項では、2つのことを保障しています。

1つは**一人ひとりの財産権**で、もう1つが、**私有財産制という制度「国は国民の財産を巻き上げない」**です。財産権を守る制度的保障です。

そして今一度、1項を見てください。

1項には財産ではなく、財産「権」と書いています。つまり、土地建物だけでなく、地上権や賃借権など、**権利を巻き上げないことをも規定しています。**

では、次に2項の解釈に行きましょう。

Point

憲法29条2項は「法律」で財産権の内容を定めるとして、財産権に対する制限を法律に留保している

→ 条例でも規制ができる

2項は、財産権の内容は法律で決めると書いています。つまり何ができて、何ができないかは法律で決めるということです。

つまり「できないことも、法律で決められるということ」を意味し、「**財産権の内容を法律で規制できる**」ということを規定しています。

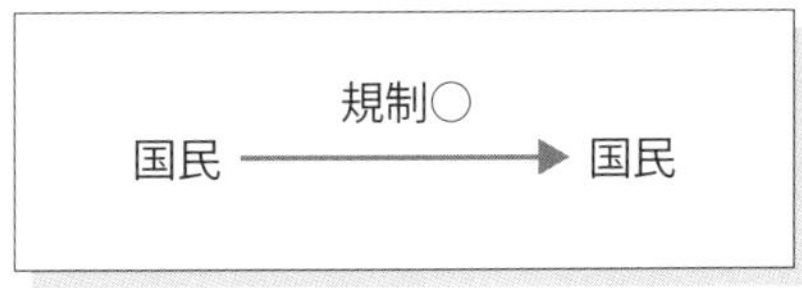

自分達を自分達で規制するのは問題ありません。これは、**規制がやり過ぎにならないため**です。

例えば、消費税はこの先50％、60％までは上がらないでしょう。そのようなことを決めると、決めた人たちも苦しむからです。

その方向性から考えると、**法律で私たちを規制するのならＯＫ**になります。

法律を作るのは国会です。国会では、我々の代表の国会議員がいます。つまり「国会で法律を作っている＝私たちが法律を作っている」という扱いになります。

そのため、**私たちが作ったルールで、私たちを規制することになるため、問題ない**のです。

この論理であれば、**条例で規制をかけるのもＯＫ**になります。

条例は、地方議会で作ります。つまり、**住民の代表が作っているので、それで住民を規制するのは問題ありません**。

このように法律や条例で、私たちの財産権を規制するのですが、許される規制かどうかで争いになった事件が2つあります。

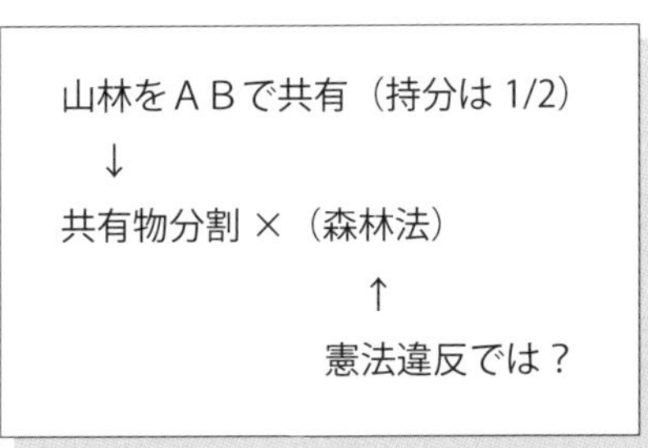

山林を２人で共有していたのですが、この２人、仲が悪かったのです。そこで共有物分割をしようとしたら森林法のルールが立ちはだかりました。

「２分の１以下からは、共有物分割請求はできないよ」というルールです。

その後、このルールに不満を持った共有者の１人が、訴訟を起こしました。

	森林法違憲判決（最大判昭62.4.22）
争点	旧森林法186条が、共有森林につき持分価額2分の1以下の共有者に分割請求権を否定していることが、財産権の不当な制限ではないか？
結論	判例は、共有森林の分割を制限する森林法の規定は、分割後の森林が森林経営に必要な最小限度の面積を下回るかどうかに関わらず、一律に分割を制限するなど、目的達成手段として不合理であるので違憲であるとした。

このルールを作った目的は、森林の細分化を防ぎたいということでした。持分が小さい人からの分割請求を認めると、森林が小さくなってしまいます。そのため、持分量が小さい人からの分割請求を認めないことにしたのです。

この目的であれば、**持分量で規制するのではなく、面積で規制すべき**です。「○○㎡以下になるような分割はできないよ」という規制にすればいいでしょう。

持分量で規制するのはおかしいため、**この法律は違憲と判断**されました。

	奈良県ため池条例事件（最大判昭38.6.26）
事件	奈良県は、ため池の堤とうに農作物等を植える行為を禁止する条例を制定したところ、条例施行後も耕作を続けた者が条例違反で起訴された。
争点	ため池の堤とうに農作物等を植える行為を禁止する条例は、29条2項に反しないか。
結論	ため池の堤とうの破損・決かいの原因となる、ため池の堤とう使用行為は、憲法・民法の保障する財産権の行使の埒外であるので、これらの行為を条例をもって禁止・処罰しても、憲法・法律に抵触・逸脱しない。

ため池というのは、土を盛って、中に水を入れて作った人工的な池のことです。

あるため池の堤防部分で、農業をしている人がいたのですが、それを条例で禁じました。この条例により、この人は農業をすることはできなくなります。

なぜこのような規制をしたのでしょう。「堤防で農業をする→堤防が決壊する→水があふれる→みんなが迷惑する」から、条例を作ったのです。

まさに**公共の福祉による制約のため、この条例の規制は問題ない**という判断がされました。

問題を解いて確認しよう

1	憲法第29条第1項は、個人が現に有する財産権を保障するとともに、私有財産制を制度的に保障している。〔オリジナル〕	○
2	財産権の内容は、これを国の法律によって統一的に規制しようとするのが憲法29条2項の趣旨だから、条例による財産権の規制は法律の特別な授権委任がある場合に限り認められる。〔オリジナル〕	×
3	最高裁判所の判例では、条例をもって、ため池の堤とうに竹木若しくは農作物を植え、又は建物その他の工作物を設置する行為を禁止することは、財産権を法律ではなく条例で制限することになるので、財産権の内容は法律で定めるとする憲法の規定に違反するとした。〔オリジナル〕	×
4	森林の細分化の防止を目的として、法律で森林の持分価格が2分の1以下の共有者の分割請求権を認めないとすることは、憲法上許されない。〔オリジナル〕	○

×肢のヒトコト解説

2 法律による委任がなくても、条例だけで制約できます。

3 条例で財産権を制限できます。

では、3項の論点に行きましょう。

Point

憲法29条3項は私有財産を公共のために収用または制限することができることを明示し、あわせて、その際には「正当な補償」が必要であるとする。

29条3項では、収用について規定しています。

例えば駅前の再開発をするために駅前の物件を全部巻き上げる行為や、空港などを作ろうとするときに、周辺の土地を巻き上げる行為のことを指します。

ただ、この収用というのは、**公共事業に限定していません**。

「公共のために」
直接公共の用に供する公共事業のために私有財産を犠牲にする場合に限らず、広く公共の利益のためにする財産権の侵害を意味する。
例）農地改革における農地の買収計画（最判昭29.1.22）

みんなの利益になるのであれば、収用と扱われます。例えば、次の図を見てください。

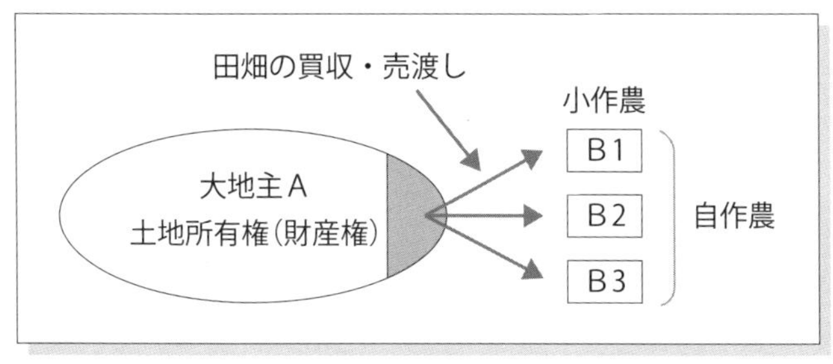

これが、戦後間もなくに行われた農地改革で、地主から農地の所有権を無理やり奪って、一人ひとりにあげたのです。
その時の日本の農業は、大地主の土地を一人ひとりが地代を支払って、耕していた状態でした。それよりも自分の農地になった方が、農作量が上がるだろうと考え、無理やり巻き上げて渡したのです。

これは公共事業ではありませんが、日本の農作量が上がるという公共の利益になるので、収用の扱いになります。

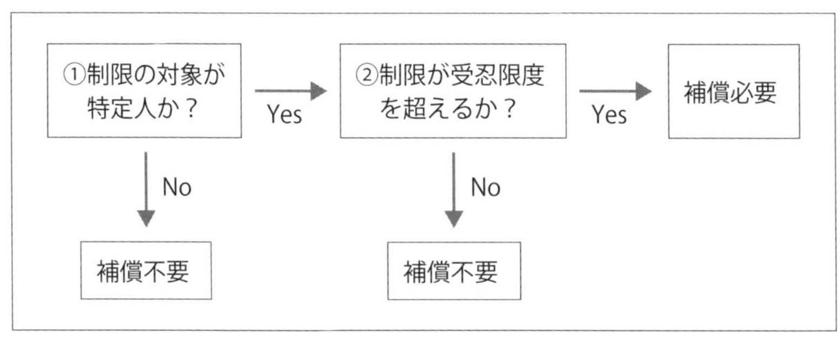

収用をした結果、補償する場合としない場合があります。

例えば、私たちは税金を取られます。これは、国から強制的に財産を巻き上げられている状態ですが、補償を請求できません。

では、どんな時に補償が要求できるのでしょうか。

それは、**特定人だけが対象で、なおかつ我慢できるレベルを超えるようなことをされた場合**です。

税金は、みんなが取られるため、補償請求ができません。

また、先ほどのため池の事件を考えてください。あれは特定人だけ狙い撃ちになっていますが、所有権を奪ってはいません（農業をやめろと言ったにすぎません）。これぐらいだったら、**我慢できるレベルを超えていないため**、補償請求を認めないのです。

	補償の程度
完全補償説	財産権の侵害・剥奪により生じた損失のすべてを補償すべき（自由国家的観点）。
相当補償説	財産権に対して制限を加える目的たる公共の必要の程度、それを必要とした社会経済的事情なども考慮して算出される「相当又は合理的な額」を補償すれば足りる（社会国家的観点）。

では、補償する場合にはいくら払えばいいのでしょうか。

完全補償という立場があります。これは、奪った財産の全部を払いなさいという立場です。

ただ、妥当な金額であれば全額でなくてもいいという立場もあります。

覚えましょう

(1) 原　則

正当な補償とは、当該財産の客観的な市場価格の全額の補償をいう。

(2) 例　外

農地改革のような社会改革立法といった例外的場合には、相当の補償で足りる。

基本的には完全補償と考えてください。ただ農地改革のような社会的改革のような場合は、相当補償でもよいと言われています。

農地改革は、戦後間もなくのことで、国にもお金がなかったため、相当な補償でもいい、全額じゃなくてもよいとしたと思われます。

事件	財産権を制限する法令に損失補償に関する規定がない場合、当該法令は直ちに憲法違反となるか。
判旨	損失を具体的に主張立証して、別途、直接憲法29条3項を根拠にして、補償請求をする余地がある。 ↓したがって 同法令を直ちに違憲無効と解すべきではない。

収用は、法律等を作って行います。そのときには、いくら補償するかを書いておくのが通例です。

ある収用を実行したところ、その収用のルールには、いくら払うかというのを書き忘れていました。

収用で不利益を受ける方は、ここに突っ込みを入れます。

憲法が保障している内容を書いていないから、この収用は憲法違反になる。よって、収用はやめるべきだ。

収用の対象になっている人

これに対して判例は、「法律に載っていなくても憲法の条文でいけます。だから今回の収用は有効ですよ、我慢しなさいね」と判示しました。

ここには2つの論点があります。**29条3項を理由に補償請求ができるという点**と、補償内容が書いていなくても、**今回の収用は有効**だという点です。

問題を解いて確認しよう

1	憲法第29条第3項「補償」を要する場合とは、特定の人に対し、特別に財産上の犠牲を強いる場合をいい、公共の福祉のためにする一般的な制限である場合には、原則的には、「補償」を要しない。〔24-1-エ（令3-2-オ）〕	○
2	最高裁判所の判例では、敗戦直後の農地改革の際の財産権を公共の用に供する場合の正当な補償とは、その当時の経済状態において成立する価格に基づき算出された額であり、完全な補償を要するものとした。〔オリジナル〕	×
3	私有財産が公共のために用いられた場合であっても、その補償について定めた法令の規定がないときは、直接憲法第29条第3項を根拠にして補償請求をすることはできない。〔令3-2-エ〕	×
4	憲法上補償が必要とされる場合であるにもかかわらず、財産権の制限を規定した法律が補償に関する規定を欠いているときは、当該法律は、当然に違憲無効となる。〔24-1-オ〕	×

×肢のヒトコト解説

2　農地改革事件では、相当補償で許されます。

3　憲法29条3項を根拠に補償請求できる余地を判例は認めています。

4　補償できる規定がなくても、その収用は有効です。

～国家は正当な理由なく国民の身体を拘束できません～

第3章 人身の自由

ここでは、国家は国民の身柄を拘束しないという身体的な自由を見ていきます。
ただ、司法書士試験においては、重要度は低いところのため、学習初期段階では、後回しにしても構いません。

自由権の1つである「人身の自由」は、**個人が肉体的・精神的に踏みにじられないことを定めています。**

「それは当たり前では」と思うかもしれませんが、**日本を含め、世界では理不尽に拘束や拷問をおこなってきた歴史があります。**

そうした過去を踏まえて、体の自由を守るルールとして憲法に置いたのがこの権利です（ちなみに、日本の憲法は、世界でも類を見ないほど人身の自由に対する規定が多いですね）。

31条
何人も、法律の定める手続によらなければ、その生命若しくは自由を奪はれ、又はその他の刑罰を科せられない。

凶悪犯罪などのニュースの裁判などを見て、「この○○は、とんでもなく酷い

ことをしたのに、なぜ死刑にしないのか」と思ったことはないでしょうか。

日本では、いかなる人であろうと手続を踏まないと刑罰を科さないと規定しています。刑事訴訟などの手続を経て「本当に犯罪をしたのか」という審理を尽くさないと刑罰を科さないのです。

これは、国家が不当に刑罰を科さないようにするためです。

条文を見てください。「法律の定める」手続と規定されています。

法律というのは、国会が作るルール、私たちの代表が作っているルールです。

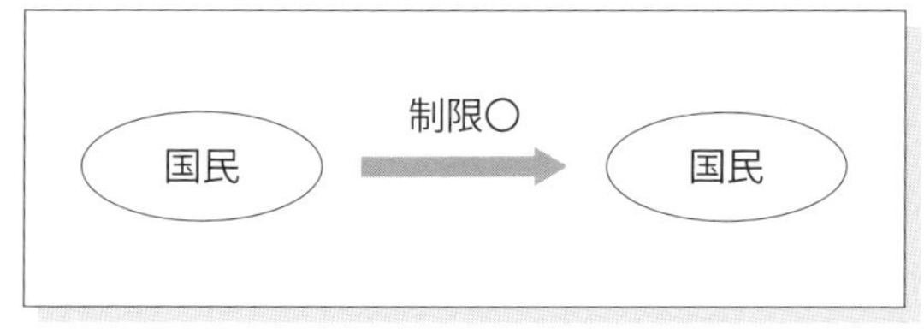

恐れているのは、国家権力により際限なく制限されることです。

自分で自分の首を絞めてみてください。多分、苦しくなって途中でやめるでしょう。**自分で自分のことを制限するのであれば、やりすぎることにはならないでしょう。**

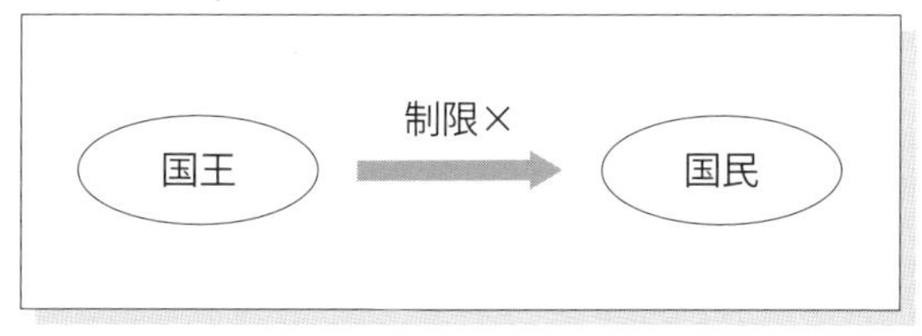

これを認めた場合、「自分のことではないからいいだろう」とやりすぎる危険があります。こういったことがないよう、**「法律の定める」手続に則ってやることを要求しているのです。**

手続の内容の適正

→　告知と聴聞を受ける権利が保障されていなければならない

＝　弁解と防御の機会を与えなければならない

法律「犯罪をした者の話は一切聞かず、手続をすすめる」

いくら法律があったからといって、その内容がめちゃくちゃでは意味がありません。そこで、内容の適正（内容がまとも）ということも31条で要求されているのです。

では何をもって、内容はまともになるのかというのと、

聴聞と告知（言い訳を聞く機会）を保障しているかどうか

で決まります（つまり、**刑罰という不利益を課す前には、言い分を聞かないといけない**のです）。

関税法に基づく没収を行う際、その物が被告人とは別の第三者の所有に属するときは、その第三者についても告知、弁解、防御の機会を与えることが必要であり、その機会を与えなかった没収手続は31条・29条に違反する（最判昭37.11.28）。

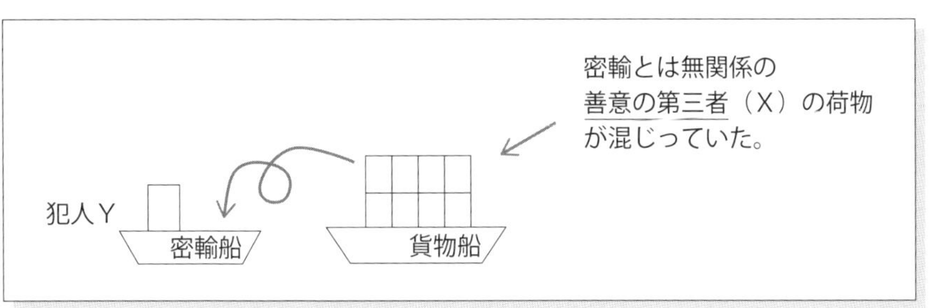

貨物の密輸を企てた被告人Yが有罪判決を受け、犯罪にかかわる貨物等が没収された際に、第三者（X）の所有物も混じって没収されました。

刑事訴訟では被告人のYからは聴聞告知をしていますが、被告人ではないXにはしていません。

結局**Xは、聴聞と告知の機会がないまま、没収という刑罰を受けてしまった**のです。そのため、この**聴聞告知の機会を与えないでした没収は、憲法に反するという判断がされました。**

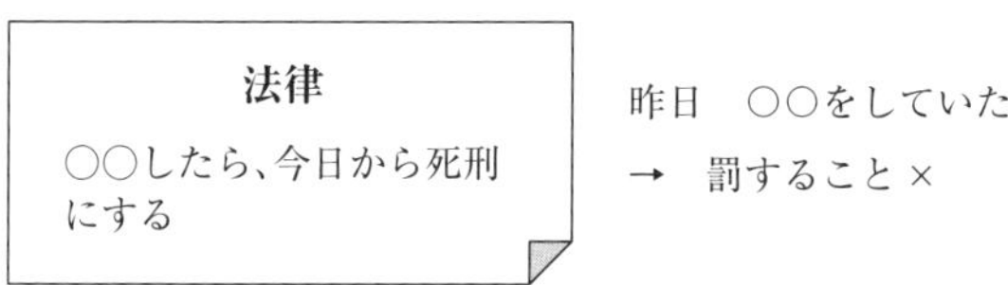

刑罰を科すには、先に予告をしておく必要があります。「今日から、○○したら罰するぞ」という予告をしたうえで、その行為をしたのであれば、罰することができます。

つまり、**今日作ったルールで昨日のことを遡及的に処罰することはできない**のです。

恐れているのは、以下のような事態です。

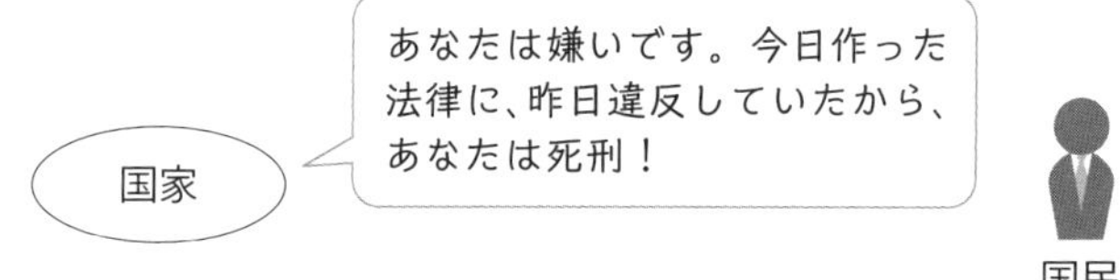

事後的に、何が犯罪かを決められるなら、犯罪の定義はあいまいになります。

そうなれば、**私たちはどんな行為が犯罪に該当するのかビクビクしながら生活しなくてはなりません**。

そして、**国家権力が、好き嫌いで刑罰を決められる社会になってしまうかもしれません。**

そのため、**何をしたら犯罪になるのかをあらかじめ決めておくことが要求されている**のです。

実体の法定（罪刑法定主義）

犯罪と刑罰とが法律で定められなければならない

実体の適正

刑罰規定の明確性

あらかじめ決めておくといっても、それが国王の一存で決められたら意味がありません。手続と同じく、**実体も法律で決めておかないといけない**とされています。

また、法律で決めれば何でもいいというわけではなく、**内容がまともな必要があります**。具体的には、「何をやったら犯罪になるのかが、一般人の感覚で分かること」が要求されているのです。

Point

憲法31条が要求していること

(1) 手続の法定　　(2) 手続の内容の適正

(3) 実体の法定　　(4) 実体の適正

上記の（1）〜（4）のうち、憲法31条はどこを規定しているでしょう。「法律の定める手続によらなければ」という文言を見る限り、上記の（1）だけのように見えます。

ただ、通説は条文の文言どおりの（1）だけでなく、**（1）〜（4）のすべてが憲法で保障されている**と解しています。

Point

憲法31条と行政手続

行政手続であっても、当然に31条の保障の枠外にあると判断すべきではない。

→ 行政処分の相手方に事前の告知、弁解、防御の機会を与えるかどうかは、総合較量して決定される（成田新法事件／最大判平4.7.1）。

31条は「刑罰を科せられない。」と規定しているため、刑罰以外には31条の適用がないと断言していいのでしょうか。

例えば、行政によって、「金銭を払え」「立ち退きなさい」「許認可を取り消します」という不利益を課せられることがあります。

こういった不利益を受けるときも、31条の適用があるでしょうか。

ここでは特に、31条の内容の1つ聴聞と告知に注目してください。

つまり、「聴聞と告知」がなければ、行政が不利益な処分ができないという処理になるのでしょうか。

結論からいえば、ケースバイケースです。

与える不利益が大きければ、聴聞告知をすべきだし、
与える不利益が大きくなければ、聴聞告知をしなくても不利益を課せられます。

行政による不利益は、刑罰に匹敵するほどの大きなものもあれば、刑罰ほど痛くないものもあります。

そこで、**一律　聴聞告知が要る・要らないという処理にしなかった**のです。

問題を解いて確認しよう

1	被告人以外の第三者の所有物の没収は、被告人に対する付加刑として言い渡され、その刑事処分の効果が第三者に及ぶものであるから、当該第三者についても告知、弁解、防御の機会を与えることが必要であり、その機会なくして第三者の所有物を没収することは、適正な法律手続によらないで財産権を侵害する制裁を科することにほかならないから、憲法第31条に違反する。〔令2-2-イ〕	○
2	憲法第31条では文言上、手続の法定だけが要求されているようにも読めるが、このほかにも、手続の適正、実体の法定、実体の適正が要求されていると解されている。〔オリジナル〕	○
3	憲法第31条の定める法定手続の保障は、刑事手続に関するものであるから、行政手続は、同条による保障の枠外にある。〔令2-2-オ〕	×
4	憲法の定める法定手続の保障は、直接には刑事手続に関するものであるが、行政手続についても、行政作用に対する人権保障という観点から、当然にこの保障が及ぶため、行政処分を行う場合には、その相手方に事前の告知、弁解、防御の機会を必ず与えなければならない。〔オリジナル〕	×

×肢のヒトコト解説

3 行政手続だからといって、31条の適用はあり得ます。

4 常に事前にこのような機会を与える必要はありません。

第4章 参政権

国家側に入っていく権利である参政権を見ていきます。出題としては少ないところなので、どういった権利が認められているのか、そして違憲判決の内容を、ざっくり理解できればいいでしょう。

15条
1　公務員を選定し、及びこれを罷免することは、国民固有の権利である。

国会議員を選ぶのが、この条文の典型的な例です。

選挙権を行使することを、国民の権利だと規定しているのですが、国民が選挙権を行使できなかった事件がありました。

	在外日本国民の選挙権（最大判平17.9.14）
争点	平成８年10月施行の衆議院議員選挙の際、国外に居住していた日本国民Ｘは、当時の公職選挙法により、選挙権を行使することができなかった。そこで、Ｘらは、国会が同法の改正を怠り、在外日本人に選挙権の行使を認めていないことは15条等に反するとして国家賠償を請求した。
結論	改正前の公職選挙法が、本件選挙当時、在外国民であった上告人らの投票を全く認めていなかったことは、憲法15条1項及び3項、43条1項並びに44条但書に違反する。

在外国民、住所は海外だけど日本人という方です（海外に住所があっても、日本国籍があれば日本人です）。

日本人であれば、選挙権を与えるべきですが、当時、公職選挙法の手続が「住民票に載っている住所に、選挙権を送る」となっていました。つまり、**在外日本人は、日本人でありながら、選挙権が送られなかった**のです。

これは15条に明らかに反しています。国民の権利と言っているのに、選挙権を与えていないからです。

そのため、公職選挙法に違憲の判断が出されました。

> 立候補の自由（最大判昭43.12.4）
> 被選挙権者の立候補の自由も15条1項によって保障される重要な基本的人権の1つと解すべきである。

15条を見る限り、立候補する権利が載っているとは思えません。

ただ、他に立候補を認める条文がありません。そこで、「いくら、一票を入れる権利を与えても、誰も立候補しなければ、使い道がないだろう」ということから、**立候補する権利も15条で保障する**としました。

1	公務員を選定、罷免することを国民の権利として保障する憲法第15条第1項は、被選挙権については明記していないが、選挙権の自由な行使と表裏の関係にある立候補の自由についても、同条同項によって基本的人権としての保障が及ぶ。〔21-2-オ〕	○
2	国外に居住していて国内の市町村の区域内に住所を有していない日本国民である在外国民についても、憲法によって選挙権が保障されており、国は、選挙の公正の確保に留意しつつ、その選挙権の行使を現実的に可能にするために、所要の措置を執るべき責務を負うが、選挙の公正を確保しつつそのような措置を執ることが事実上不能又は著しく困難であると認められる場合には、在外国民が選挙権を行使することができないこととなっても違憲とはいえない。〔21-2-イ〕	○

第5章 社会権

次は社会権というグループの権利、弱者が国会に請求する権利を見ていきます。
ここでの弱者というのは
生存権：経済的貧困者
教育を受ける権利：子ども
労働基本権：労働者
をイメージしておくといいでしょう。

第1節 生存権

25条
1　すべて国民は、健康で文化的な最低限度の生活を営む権利を有する。
2　国は、すべての生活部面について、社会福祉、社会保障及び公衆衛生の向上及び増進に努めなければならない。

条文を見る限り、1項では国民が権利を持っていることを規定し、2項では、国が義務を負っていると規定しています。つまり、「国民から国家への権利である」と読み取れそうです。

実は、この条文の読み方が3つほどあります。

プログラム規定説	法的権利説	
	抽象的権利説	具体的権利説
25条は、国民が健康で文化的な生活を営めるように努めなければならないという国家の責任ないし政治的指針を定めたものであり、法的な権利を保障したものではない。	25条は、法的権利を保障しているが、それは立法による具体化を必要とする抽象的なものであり、国民は本条に基づいて裁判所に救済を求めることはできない。	25条は、具体的権利を保障したものであり、国民は直接本条に基づいて裁判所に救済（立法不作為の違憲確認）を求めることができる。

この生存権を、法律上の権利だと考える立場が2つあります。

具体的権利説というのは「**25条の条文だけで訴訟ができる**」とする立場です。

一方、抽象的権利というのは、「憲法の条文だけでは曖昧だ。だから、これを**具体化する法律ができて、初めて訴訟をすることができる**」とする立場です。

そして、この立場と大きく異なるのが、プログラム規定説という立場です。自分は「やれたらやるよ」というニュアンスで考えています（努力目標、という感じです）。

この考え方は、もともとドイツのワイマール憲法（1919年）から生まれました。第一次世界大戦で負けたドイツは、戦勝国から憲法を押し付けられ、そこには生存権のような権利がありました。

ただ、当時のドイツは財政が非常に厳しかったため、これを実現するのは難しかったのです。そこで、作った理屈がプログラム規定だと言われています。

では、日本の立場はどれかというと、おそらくプログラム規定説ではないかと言われています（ただ、修正したプログラム規定説という主張もありますので、「日本の立場はどれか」という出題はされないと思われます）。

どの説に立つかによって、生存権が絡んだ訴訟ができるかどうかが違ってきます。

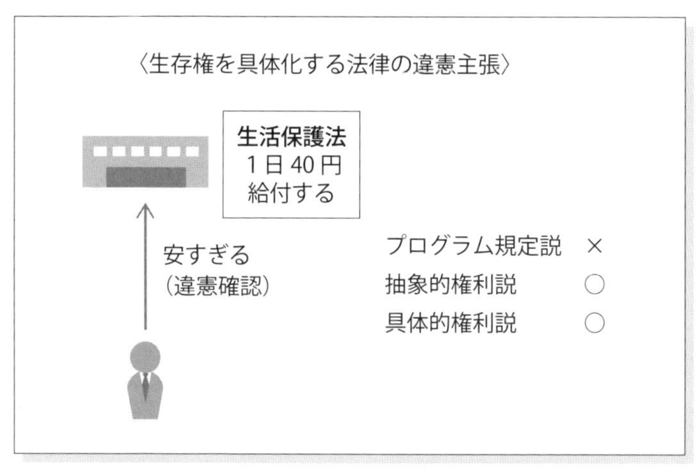

生活保護法という法律があるのですが、それがあまりにも不当な金額になっていました。そこで、この法律は違憲だという訴訟ができるでしょうか。

これは、**プログラム規定説以外の立場なら可能**です。

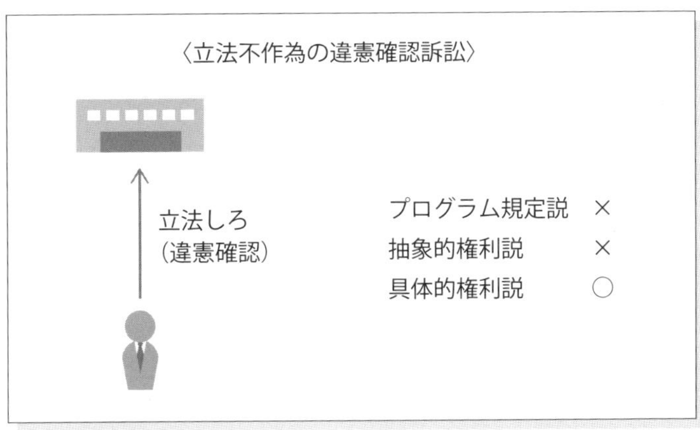

生活保護法という法律がないので、「早く法律を作れ。作らないことが違憲だ」と訴えることができるのでしょうか。

プログラム規定説だけでなく、抽象的権利説もできなくなります。抽象的権利説はあくまでも法律があることを前提に訴訟ができるという立場です。**法律がなければ、訴訟のしようがありません**。

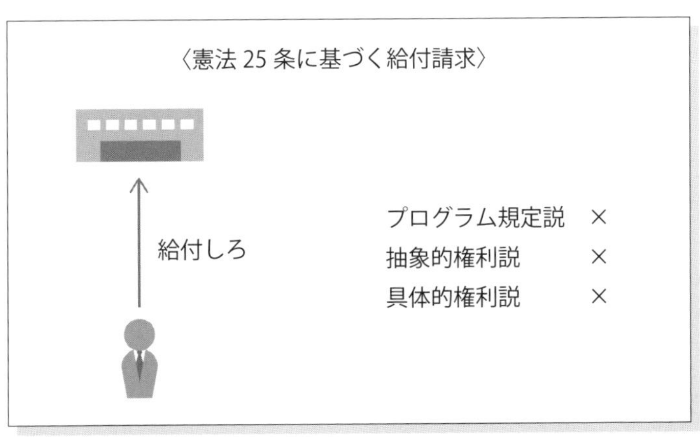

最後に生活保護法という法律がない状態で、「25条に基づいて金をくれ」といえるのでしょうか。

ここまで来ると具体的権利説もできなくなります。

この25条をもう一度見てください。

裁判官は25条だけを見ていくら払えばいいか、それが判断できるのでしょうか。この**条文の言葉では「いくら払うのが妥当なのか」は判断できない**ため、給付請求に関しては、どの立場でもできないのです。

ちなみに**プログラム規定説が全部バツ**だということに気付いたでしょうか。**「やれたらやるよ」という立場なので、訴訟をしても国に義務を課すことがまったくできない**のです。

問題を解いて確認しよう

1	ある者が、生存権を保障する立法がされないため生存権が侵害されていると考える場合、抽象的権利説及び具体的権利説のいずれの説によっても、憲法第25条第1項を直接の根拠として国の不作為の違憲性を裁判で争うことができる。〔20-1-ウ〕	×
2	具体的権利説を前提にすれば、生存権を具体化する立法がなされていない場合、立法不作為の違憲確認訴訟を提起することが可能である。〔オリジナル〕	○
3	具体的権利説を前提にしても、直接、国に対し、憲法第25条第1項に基づいて具体的な生活扶助の請求をすることはできないと解することは可能である。〔公務員2008-エ〕	○

×肢のヒトコト解説

1　立法がされていないため、抽象的権利説では訴訟をすることができません。

これで到達！  合格ゾーン

☐ 憲法第25条に規定する「健康で文化的な最低限度の生活」の具体的内容は、その時々における文化の発達の程度、経済的・社会的条件、一般的な国民の生活の状況等との相関関係において判断されるべきものである。〔令5-1-ウ〕

★「健康で文化的な最低限度の生活」は時代によって変わってきます（昔、生活保護の方へのエアコン購入費の支給は認められていませんでしたが、酷暑化が進んで熱中症の懸念があることから、厚生労働省は2018年から、エアコン購入費の支給を認めています）。

第2節 教育を受ける権利

26条
1　すべて国民は、法律の定めるところにより、その能力に応じて、ひとしく教育を受ける権利を有する。
2　すべて国民は、法律の定めるところにより、その保護する子女に普通教育を受けさせる義務を負ふ。義務教育は、これを無償とする。

条文だけ見ると、1項で国民の権利を指し、2項では国民の義務を課しています。ここの、1項の国民は子供のことを指し、2項の国民は親・教師を指します。

つまり、26条というのは、**子供から親に対する権利を規定している**のです。

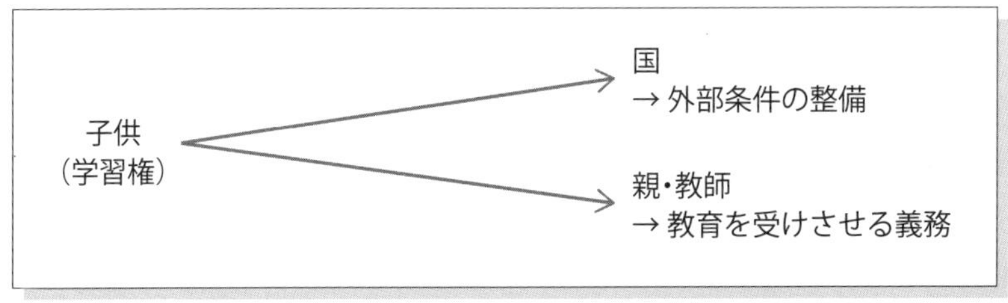

子供が親たちに対し、「学習させろ　学びたいんだ」と請求する権利があり、

そして、親たちはそれに応じて教育を受けさせる義務を負っています。

義務教育という言葉は、子供の義務ではありません。「子供を働かせに行かせないで、学校に行かせなさい」という親に対する義務です。

ちなみに、義務を負うのは親だけではなく、国なども義務を負います。

具体的には、**国は子供が学習できる環境を整備する義務を負う**のです。この整備する一環が、2項の「義務教育は、これを無償とする」という部分です。では、教育費用のうちどこまで無償なのでしょうか。

	授業料	教科書代	給食費	通学費
（実際の出費）	無料	無料	有料	有料
（憲法の保障）	○	×	×	×

実際、義務教育では授業料・教科書代は無料になっています。

ただ、**憲法が保障しているのは「授業料はただにします」というところまで**です。つまり、**教科書代については、憲法の要請を超えたことを、法律を作って行っている**のです。

問題を解いて確認しよう

1	教育を受ける権利は、国民がその保護する子女に教育を施す権利を内包しているが、国家に対し適切な教育の場を提供することを要求する社会権としての性格は有しないと解するのが通説である。〔オリジナル〕	×
2	教育を受ける権利は国民各自が個人として成長、発達し、自己の人格を完成、実現するために必要な学習をする権利を保障するものであるが、この権利の背後には子どもの学習権があると解するのが判例である。〔オリジナル〕	○
3	憲法第26条第1項の規定の背後には、子どもは、その学習要求を充足するための教育を自己に施すことを大人一般に対して要求する権利を有するとの観念が存在しているとするのが判例である。〔オリジナル〕	○
4	義務教育は無償とするとの憲法の規定は、授業料のほかに、教科書、学用品その他教育に必要な費用まで無償としなければならないことを定めたものとするのが判例である。〔オリジナル〕	×

×肢のヒトコト解説

1　社会権としての性質もあります。

4　教科書、学用品その他教育に必要な費用までは保障していません。

第3節 労働基本権

28条
勤労者の団結する権利及び団体交渉その他の団体行動をする権利は、これを保障する。

社会権という弱者が持つ権利を見ていきます。ここでの、弱者は労働者のことを指しています。下記に、労働者が持っている権利を3つ載せました。

団結権	①労働条件の維持・改善のために使用者と対等の交渉ができる団体（労働組合、争議団など）を結成する権利 ②上記の団体に加入する権利
団体交渉権	労働者の団体が、その代表者を通じて、労働条件について使用者と交渉する権利
争議権	労働者が使用者に対し、労働条件等に関する主張を貫徹することを目的として、同盟罷業（ストライキ）その他の争議行為をする権利

団体交渉権というのは、**雇主と交渉する**ことです。労働条件を良くするための交渉をする権利です。

ただ、労働者というのは弱いため、一人ひとりが戦っても勝ち目がありません。だから、まとまることを認めています。これが団結権、**労働組合を作る権利**です。

そしてもう1つ、争議権（団体行動権）というのがあります。これが**ストライキという、仕事をしないという権利**です。

労働条件をちゃんと上げろ！
こちらの要求に応じないなら、
働かないぞ！

このような**交渉の切り札で使う**のが、争議権です。

> 労働組合の統制権（最大判昭43.12.4）
> ① 労働組合には、その団結権を確保するために、統制権（統制を乱した組合員に対して制裁を行う権限）が認められる。

これは団結権から発生する権利で、統制権といいます。**足並みをそろえるために、組合員の行動を抑える権利**です。

例えばみんなでストライキをしようとしているのに、誰かだけ働いたら、ストライキがうまくいきませんよね。そのため労働組合は、組合員の行動をある程度、押さえ付けることができるのです。

その規制がやり過ぎだったのが、次の事件です。

> 労働組合の統制権（最大判昭43.12.4）
> ② 労働組合が選挙において特定の候補者を支持することは認められるが、それに対抗した組合員を統制違反として除名することは許されない。

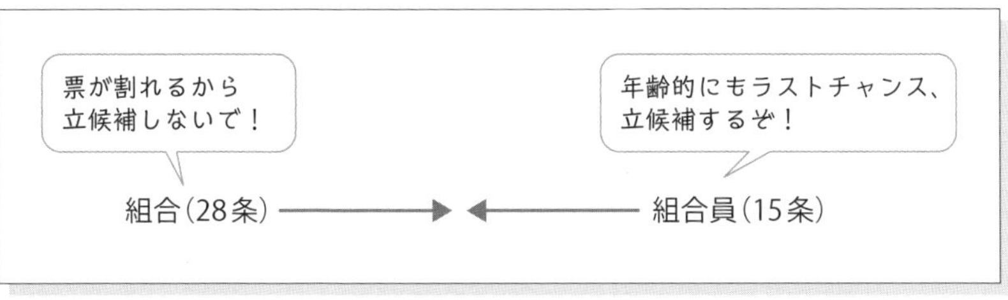

これは組合がある候補者に一票を入れよう決めたところ、組合員の１人が独自に立候補しようとしています。彼が立候補すれば、組合内の票が割れるでしょう。

ここで、組合が、立候補をとどまるよう説得したり、処分してもいいのでしょうか。

組合が持っている統制権を認めると、組合員の15条という立候補の人権が侵害されてしまいます。

そこで、判例は**説得すること自体は構わないけど、それを理由に処分するのはやりすぎ**だと判断しました。

勤労者の定義	労働力を提供して対価を得て生活する者	
具体例	**公務員**・パート従業員	当たる
	小作人・漁民・自営業者	当たらない

ここでいう勤労者というのはどういう人を指すのでしょう。一般的には給料をもらっている人を指し、自営業者などは入りません。会社の社員は該当しますし、**公務員も、ここでいう勤労者になります**。

公務員に労働基本権は保障されるか？	保障される
公務員の争議行為を一律禁止することは合憲か？	勤労者をも含めた国民全体の共同利益の見地からするやむをえない制約であり、合憲

公務員も勤労者なので、労働基本権自体はあります。ただし、労働基本権のすべてが認められているわけではなく、**争議行為（ストライキ）は認められていません**。

ではなぜ一律にダメにしたのでしょう。これは、**国民に迷惑をかけるから**です。

これでは、国民が迷惑を受けるため、公務員にストライキを認めないのです。

ただ、その代わりの措置、代償措置が採られています。

人事院という機関が民間の労働条件を調べ、その労働条件と公務員にあまりにも差がある場合は、「給料をあげなさい」と勧告するようになっています。

「**ストライキはできない。人事院が勧告してくれるから我慢しなさい**」、こういう感じで押さえてください。

問題を解いて確認しよう

1	勤労者の団結する権利とは、労働条件の維持及び改善のために使用者と対等の交渉ができる団体を結成し、又はこれに加入する権利である。〔公務員2007-3〕	○
2	労働組合が、地方議会議員の選挙に当たり、いわゆる統一候補を決定し、組合を挙げて選挙運動を推進している場合、統一候補の選に漏れた組合員に対し、立候補を取りやめることを要求し、これに従わないことを理由に統制違反者として処分することは許されない。〔公務員2004-イ〕	○
3	国家公務員は、人事院の給与勧告等により、労働基本権制約の代償措置が講じられているから、憲法第28条にいう「勤労者」には含まれないとするのが判例である。一方、地方公務員については、同条の「勤労者」に含まれると解するのが通説である。〔オリジナル〕	×
4	自ら業を営む農業者や漁業者は、使用者に労働力を提供し、その対価として賃金を得る者ではなく、使用者に対して対抗関係に立つ者ではないから、憲法第28条にいう「勤労者」には含まれない。〔公務員2002-2〕	○
5	非現業国家公務員の争議行為を一律に禁止することは、国民全体の共同利益の見地からするとやむを得ない制約であり、法律によりその勤務条件が定められ、身分が保障されているほか、適切な代償措置が講じられていること等の理由により、憲法に違反しない。〔オリジナル〕	○

×肢のヒトコト解説

3　公務員も労働者と扱うのが、判例の立場です。

第6章　包括的基本権

これから、見ていくのが13条・14条という条文です。
人権規定の冒頭に規定されています。

13条：条文に載っていない権利は、この条文を根拠に
　　　認めていくよ
14条：そもそも、すべて平等が大前提だよ
というイメージがいいでしょう。

第1節　幸福追求権

13条
　すべて国民は、個人として尊重される。生命、自由及び幸福追求に対する国民の権利については、公共の福祉に反しない限り、立法その他の国政の上で、最大の尊重を必要とする。

この13条の幸福追求に対する国民の権利、これを幸福追求権と呼びます。
条文の言葉が、非常に抽象的で何を規定しているかがよく分かりません。

Point

新しい人権とは、憲法典に明記されてはいないが、時代の変化に対応して保障の必要が生じた人権をいう。
このような新しい人権は、幸福追求権に含めることによって、憲法13条後段により保障されると考えることができる。

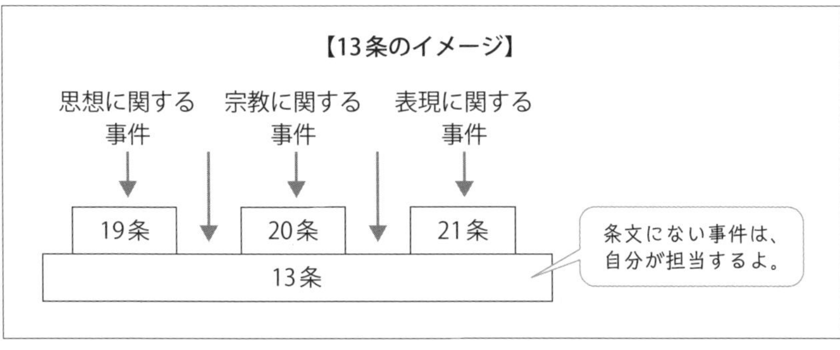

例えばある方が、「思想を国家に白状させられた」と主張すれば、裁判所は、19条を使って処理をします。また、宗教を理由に差別を受けたのであれば、それは20条を使って処理をします。ほかにも、表現活動を停止されたのであれば、それは21条を使って処理をします。

こういった事件は、憲法を作った当時に想定していたのです。

一方、「国家に勝手に写真を撮られた」という事件があった場合はどうでしょう。国家が勝手に写真を撮るのはまずいのですが、「国家は国民に無断で写真を撮ってはいけません」とする条文がありません。

そこで使うのが、この13条というものです。

この13条は、「**人権として守ってあげたい→でも、条文がない→13条を使って保護していく**」という役割を持っています。

Point

新しい人権を無制限に認めることは、人権の価値を相対的に低下させることになる。したがって、新しい人権は、個人の人格的生存に不可欠な権利に限って認められると考えられる。
判例も、新しい人権のうち、ごく限られたものについてのみ、保障を認めている。

「人権として守ってあげたい→でも、条文がない→13条を使って保護していく」という論理なのですが、**実際に13条で保障した権利は少ない**のです。

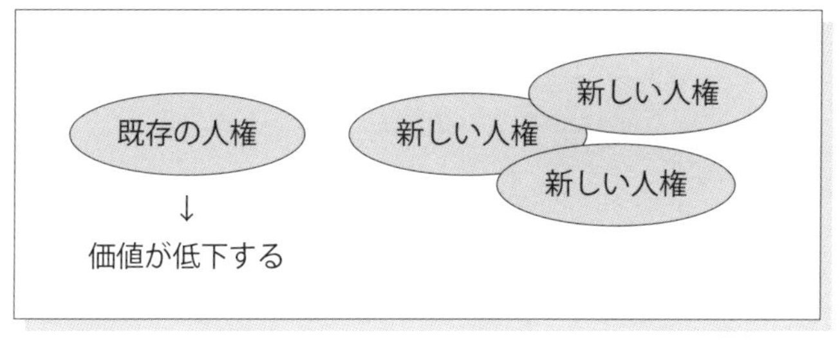

いっぱい認めればいいじゃないかと思うところですが、**人権は、少ないから希少価値があったのに、いっぱい認めてしまうと、その価値が落ちてしまいます。**そのため、**判例は限定的なものしか13条の保障を認めていないのです。**

判例が認めている権利の1つが、次の自己決定権です。

Point

自己決定権の意義

自己決定権とは、一定の個人的事柄について、公権力から干渉されることなく、自ら決定することができる権利をいう。

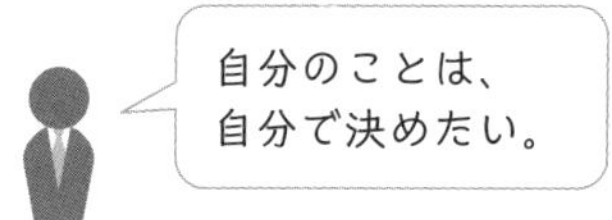

例えばどんな宗教を信じるかなどは、20条で認めています。どんな思想を持つかは19条で認めています。

これら以外にも、自分のことは自分で決めたい、例えば、髪型などは自分で決めたいでしょう。国家権力に「男は、丸坊主にしろ、女性はおかっぱにしなさい」とされたら、自分らしく生きられないよと思うでしょう。

そのため、自己決定権を認めることにしたのです。

では、どんなことを自分で決めていいのでしょうか。次の判例を見てください。

酒類製造の自由（最判平元.12.14）
酒税法は、国の重要な財政収入である酒税収入の徴収を確保するため、製造目的のいかんを問わず、酒類製造を一律に免許の対象とした上、免許を受けないで酒類を製造した者を処罰することとしたものであり、憲法31条・13条に違反するものではない。

「自分が飲む酒は自分で作りたい。自分らしく生きるには自分の酒は自分で作りたいんだ」、これは認められていません。**販売目的ではなく、自分で消費する目的でもダメ**なのです。

理由は、酒税が取れなくなるからだそうです…。

輸血拒否の自由（最判平12.2.29）
患者が、輸血を受けることは自己の宗教上の信念に反するとして、輸血を伴う治療行為を拒否するとの明確な意思を有している場合、このような意思決定をする権利は、人格権の一内容として尊重されなければならない。

ある宗教の信者の方が、他人の血を入れたくないとして、病院に「輸血だけは絶対しないように」とお願いしていました。それにもかかわらず、手術中に緊急事態が発生し、輸血が行われました。

判例は、**輸血の拒否の自由を認め**、病院側の敗訴の判決にしました。

Point

プライバシー権：自己の情報をコントロールできる権利

このプライバシーというのは、自分の情報をコントロールする権利のことをいいます。

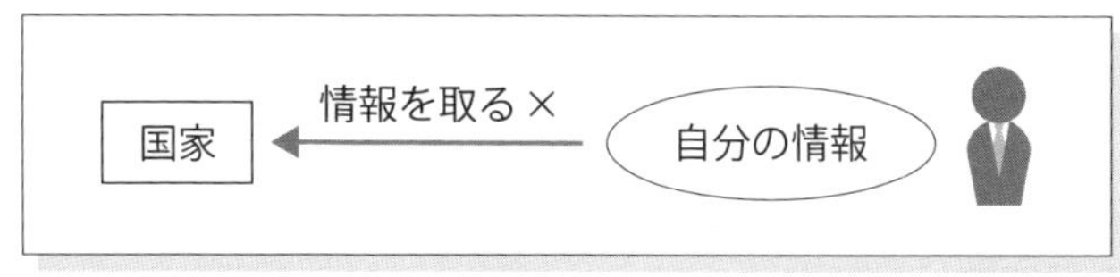

上の図のように、国民の情報を国家が勝手に抜き取ることは禁じられています。

この一例が姿形の情報です。つまり、**国家が国民の写真を撮ることは禁じられています**。それが次の判例です。

類型	判旨
肖像権	①個人の私生活の自由の一つとして、何人も、その承諾なしに、みだりにその容貌・姿態を撮影されない自由を有する。 ②現に犯罪が行われ若しくは行われた後間がないと認められる場合で、証拠保全する必要性・緊急性があり、その撮影が一般的に許容される限度を超えない相当な方法をもって行われるときには、警察官による撮影は許容される（京都府学連デモ事件／最大判昭44.12.24）。

国民は撮影されない権利を持つ、つまり「国は写真を撮るんじゃない」と判示しているのですが、**状況によっては、撮影を認めています**。

犯罪の証拠にするために、**現行犯で緊急性があれば**、写真を撮ってよいのです。

類型	判旨
結論	①個人の私生活上の自由の一つとして、何人もみだりに指紋の押捺を強制されない自由を有する(最判平7.12.15)。 ②外国人登録法における指紋押捺制度は、在留外国人の公正な管理という目的達成手段として相当なものであるので、13条に違反しない(最判平7.12.15)。

ここでは、「指紋の情報」を勝手に取られないという話を見ていきます。

指紋は、その人を特定できる情報となるため、判例は国民は強制されないと判示して権利を認めています。

ただし、**「みだりに」という条件付きで認めています**。

実際、昔は、外国人の方が日本に住むには指紋の登録が要求されていました。これは、戸籍がない外国人の方を管理するために行っていた制度です。

外国人にも、強制されない自由があるとしながらも、実際には「3年に1度、一指のみの押捺」を要求するという制約を加えていたのです。

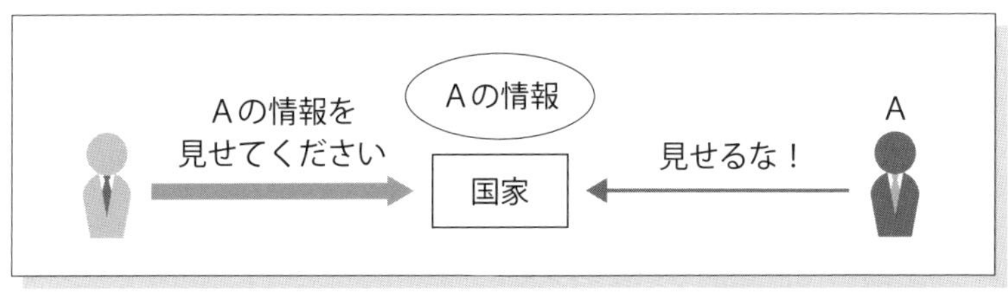

自分の情報を国家が握っていたとしても、それは自分がコントロールできます。

そのため、他人がその情報を見せてくれと言ってきたときは、国家に対して、「その情報を、他人に見せるんじゃない」と言えるはずです。

類型	判旨
犯罪歴	前科及び犯罪経歴は人の名誉、信用に直接かかわる事項であり、前科等のある者もこれをみだりに公開されないという法律上の保護に値する利益を有する。 →市区町村長が漫然と弁護士法に基づく照会に応じ犯罪の種類、軽重を問わず前科等のすべてを報告することは、公権力の違法な行使に当たる（前科照会事件／最判昭56.4.14）。

「Aさんの犯罪歴の情報を見せてくれ」という請求に対して、国家権力が見せてしまいました。

この**事件のポイントは「漫然と」「すべてを」という部分**です。

弁護士側は何の縛りをつけずに請求し、しかも、国家側は前科のすべてを、制限をかけずに全部見せた点がまずかったのです。

これはやり過ぎだということで、国家側の負けになりました。

問題を解いて確認しよう

	問題	解答
1	何人も、自己消費の目的のために酒類を製造する自由を有しているから、製造目的のいかんを問わず、酒類製造を一律に免許の対象とした上で、免許を受けないで酒類を製造した者を処罰することは、憲法第13条の趣旨に反し、許されない。〔17-1-ア〕	×
2	前科は人の名誉に直接にかかわる事項であり、前科のある者もこれをみだりに公開されないという法律上の保護に値する利益を有する。〔令4-1-エ〕	○
3	前科および犯罪経歴は、人の名誉、信用に直接かかわる事項であるが、市長が弁護士会の照会に応じ、犯罪の種類、軽重を問わず、前科などすべてを報告したとしても、そのことは弁護士会の公的性格にかんがみ、公権力の違法な行使に当たるものではない。〔オリジナル〕	×

4	何人も、その許諾なしに、みだりにその容ぼうを撮影されない自由を有しているから、警察官が、正当な理由もないのに、個人の容ぼうを撮影することは、憲法第13条の趣旨に反し、許されない。〔17-1-オ〕	○
5	みだりに指紋の押捺を強制されない自由は憲法第13条で保障されているとはいえないから、外国人指紋押捺制度は、憲法第13条に違反しない。〔オリジナル〕	×
6	みだりに指紋の押なつを強制されない自由は、在留外国人にも保障される。〔30-1-オ〕	○

×肢のヒトコト解説

1 たとえ自分が飲むためであっても、酒造はＮＧです。

3 前科のすべてを漫然と回答するのは、公権力の違法な行使に当たります。

5 押捺を強制されない自由は、憲法第13条で保障されています。

これで到達！ 合格ゾーン

□ 外国人に対し、外国人登録原票に登録した事項の確認の申請を義務付ける制度を定めることは、憲法第13条の趣旨に反しない（最判平9.11.17）。

〔17-1-ウ〕

★登録事項確認制度は、在留外国人の居住関係及び身分関係を明確にしてしっかり管理したいという行政目的を達成するための制度です。職業、勤務所などの確認を求められますが、思想、信条、良心等の内心にかかわることを聞き出すことがないために合憲とされています。

□ 前科を公表することに歴史的又は社会的な意義が認められる場合には、ノンフィクション作品において当該刑事事件の当事者について実名を明らかにすることも許されうる。（ノンフィクション「逆転」事件／最判平6.2.8）。

〔30-1-イ〕

★他人の前科を勝手に公表することは、もちろん認められません。ただ、「公表することが歴史的又は社会的な意義が認められるような場合」には、公表することも認められます。

□ 大学主催の講演会に参加を希望する学生から収集した学籍番号、氏名、住所及び電話番号は、大学が参加者に無断で警察に開示した行為は、不法行為を構成する（最判平15.9.12）。〔30-1-ウ〕

★特定の講演会に参加した大学生の学籍番号、氏名、住所及び電話番号は、プライバシーに係る情報として法的保護の対象となります。

第2節 法の下の平等

14条
　すべて国民は、法の下に平等であつて、人種、信条、性別、社会的身分又は門地により、政治的、経済的又は社会的関係において、差別されない。

この条文のポイントが、「法の下の平等」という言葉です。
まずは「法の下」という言葉を見ていきます。

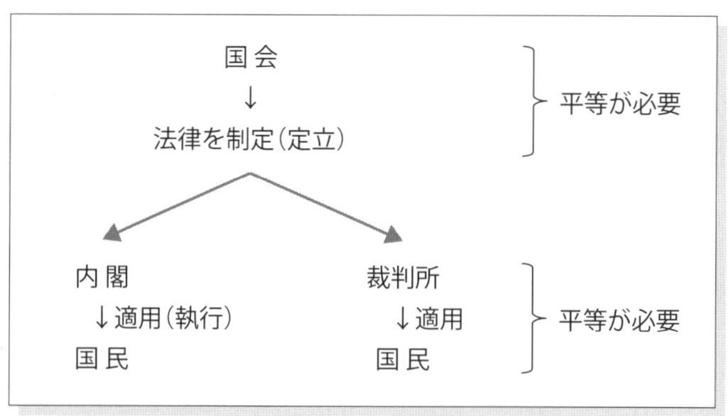

国会は法律を作り、行政府である内閣はそれを国民に使い、また、裁判所は、その法律を使って国民をジャッジしていきます。
憲法14条は、この過程の中で、どこの平等を要求しているのでしょうか。

まず、使う場面に平等を要求しています。内閣が国民に使う場面、裁判所が国民に使う場面について、**憲法14条は、「国民に対して、平等に法律を使いなさ**

い」と国家に要求しています。

法律「1人5万円ずつあげる」 →　A　5万円　B　5万円　C　0円　配布

例えば、「5万円ずつあげますよ」という法律ができたのに、AとBには5万円をあげて、Cにはあげないのは、法律を平等に使っていません。

そして、ここでCにも5万円をあげれば、全員5万円ずつもらって平等な結果が生じます。

法律「イケメンには5万円あげる」 →　イケメンA　5万円　イケメンB　5万円　ブサイクC　0円

この法律を平等に使ったらどうなるでしょう。AとBは5万円ずつもらって、Cはもらえないことになります。

これはルールを平等に使っていますが、結果は平等になっていません。

つまり、**元のルールが不平等だと、それをどんなに平等に使っても、不平等な結果しか起きない**のです。

そこで、法律を使う場面に平等を要求するのではなく、そもそも、国会がルールを作る場面において、平等を要求することにしました。これを堅い言葉で言うと、**法適用の平等だけなく、法内容の平等を要求する**といいます。

次に、「平等」という意味を考えていきましょう。

覚えましょう

絶対的平等	個人の性別・能力・年齢等の差異を無視して、一律に扱うこと
相対的平等	個人の性別・能力・年齢等の差異に応じた合理的な区別を許容し、不合理な差別を禁止するもの

例えば、「大人はお酒を飲んでよい　子供はお酒を飲んではいけない」というルールがあります。

絶対的平等に従うと、これは違憲です。大人と子供で差をつけているからです。

一方、相対的平等という概念があります。私は「**ちゃんとした理由のある区別はＯＫ、理由のない差別はダメ**」と理解しています。

そう考えると、先ほどのルールは、子供には発育上問題があるからお酒を飲んではいけない、といったちゃんとした理由があるので、問題ないことになります。

こういったちゃんとした理由があれば差をつけてもいいけど、ちゃんとした理由がなければ違憲と判断するのです。

そして、日本には多くのルールがありますが、「ちゃんとした理由のある区別なの？」ということがテーマになった訴訟が、いくつもあります。

その訴訟をいくつか、紹介していきましょう。

	問題の所在	判旨
女子の再婚禁止期間の合憲性（最判平27.12.16）	民法733条1項の規定のうち100日を超えて再婚禁止期間を設ける部分の合憲性	民法733条1項の規定のうち100日を超えて再婚禁止期間を設ける部分は、平成20年当時において、憲法14条1項、24条2項に違反するに至っていた。

女性は、離婚してから再婚するまでに、昔は6か月空けることが要求されていました。離婚してすぐ再婚することを認めると、その後生まれた子供の嫡出の推定がかぶるため、空けるように要求したのです。

こういった理由であれば、**6か月も空ける必要はありません。100日空ければ、推定のかぶりは防げます**。

判例は、6か月というのが長すぎるということで、**100日を超える部分は無効と判断**しました（今は、法改正によって再婚禁止期間がなくなっています）。

	問題の所在	判旨
非嫡出子に対する相続分差別の合憲性（最決平25.9.4）	非嫡出子の相続分を嫡出子の２分の１とする民法900条４号但書は、人の出生によって生じる嫡出か非嫡出かという社会的身分による不合理な差別では？	民法900条４号但書前段の規定は、遅くとも平成13年７月当時において、憲法14条１項に違反していた。

昔は、婚姻間で生まれた子供と婚姻がない状態で生まれた子供で、相続分に倍の差をつけていました。この差はおかしいということで違憲と判断されました。

親同士が結婚するかどうかという、子供にとってはどうしようもない事柄をもって子供に不平等かけるのはおかしいという判断です。

	問題の所在	判旨
国籍法３条違憲判決（最大判平20.6.4）	日本国籍を持つ父と外国籍を持つ母との間に生まれた非嫡出子が生後認知を受けた場合、その父母の婚姻を日本国籍取得の条件とする国籍法３条１項は、不合理な差別ではないか？	わが国と密接な結び付きがある者にのみ日本国籍を与える、という立法目的は合理的根拠があり合憲であるが、「父母の婚姻が行なわれない限り」、日本国籍取得を認めないという手段は、立法目的との間に合理的関連性がないので14条１項に違反する。

日本と関係ない人に日本国籍を与えたくない、という立法目的は問題ないのですが、**「父母が婚姻していれば」日本国籍を与えるという、子にとってどうしようもできない事柄を条件にしている**ため、その立法手段が違憲と判断されました。

	問題の所在	判旨
尊属殺重罰規定（最大判昭48.4.4）	平成７年改正前の刑法200条が尊属殺人を刑の加重事由としていたことは憲法14条に違反しないか？	刑法200条は、尊属殺の法定刑を死刑または無期懲役刑のみに限っている点において……立法目的達成のため必要な限度を遥かに超え……199条の法定刑に比し著しく不合理な差別的取扱いをするものと認められ、憲法14条１項に違反して無効である。

昔は、赤の他人を殺した場合の殺人罪とは別に、尊属を殺した場合には、尊属殺人罪という条文を設けていました。

尊属殺人罪の刑罰は、死刑か無期懲役刑しかありません。親を大切にして欲しいという目的のために、死刑または無期懲役という厳罰を科したのです。

判例は、ルールを作った目的はありだとしても、その手段が無期懲役か死刑しかないというのは行き過ぎだと判断しました。

目的は問題ないけど、手段がやり過ぎだというのがポイントです。

問題を解いて確認しよう

	問題	解答
1	憲法第14条にいう「法の下に平等」とは、法を執行し適用する行政権・司法権が国民を差別してはならないという法適用の平等のみを定めたものである。〔オリジナル〕	×
2	法の下の平等は、等しいものは等しく、等しくないものは等しくなく取り扱うという絶対的平等を意味するものであり、いかなる理由であっても各人に対して異なる取扱をすることは許されない。〔オリジナル〕	×
3	憲法第14条第1項は、事柄の性質に即応して合理的と認められる差別的取扱いをすることを許容している。〔30-2-イ〕	○
4	尊属に対する殺人罪のみその法定刑を加重して死刑又は無期懲役とする規定は、尊属に対する尊重報恩という道義を保護するという立法目的が不合理であり、違憲である。〔令4-2-オ〕	×
5	嫡出でない子の法定相続分を嫡出子の相続分の2分の1とする規定は、民法が採用する法律婚の尊重と嫡出でない子の保護との調整を図ったものであり、立法府に与えられた合理的な裁量の限界を超えるものではなく、憲法に違反しない。〔令4-2-エ〕	×
6	日本国民である父と日本国民でない母との間に出生した子について、父母の婚姻及び父の認知によって嫡出子の身分を取得した子には法務大臣への届出によって日本国籍の取得を認める一方で、日本国民である父から認知されただけの嫡出でない子についてはこれを認めないという区別は、我が国との密接な結び付きを有する者に限り日本国籍を付与するという立法目的との間において合理的関連性を欠き、違憲である。〔令4-2-イ〕	○

×肢のヒトコト解説

1　法内容の平等も要求されています。

2　合理的な理由があれば、差をつけることは許されます。

4　立法目的は合理的であると判示しています。

5　相続分に差をつけるルールは、平等に反します。

◆ 衆議院議員定数不均衡（最大判昭51.4.14）◆

争点	結論
投票価値の平等は憲法上要求されるか？	○
投票価値の平等は、数字的に完全に同一であることまでも要求されるか？	×
不平等な議員定数配分規定は直ちに違憲となるか？	×

A選挙区では住民4万人、B選挙区は住民が1万人いたとします（現在の選挙は、1つの選挙区で1人の国会議員を選ぶのが基本です）。

すると、A選挙区とB選挙区の間には、1票の力が4倍もあることになります（1票の格差）。

そもそも、1票の力も国民全員が平等であるべきなのかというと、判例は、**1票の力は国民のみな平等であるべき**だとしています。

先の事例では、1票の力を同じにするため、住民比率に応じた選挙区に区割りを変えることが必要です（公職選挙法を改正することが必要です）。

ちなみに、**1票の力を完全に同じにするのは現実的には無理**があります（住民の数は変動します）。

また、判例は、「1票の格差がある　→　即　違憲になる」という立場ではなく、「**1票の格差がある　→　ある程度放置　→　違憲**」としています。法改正には、一定の時間がかかることからの考慮です。

問題を解いて確認しよう

1	ある議員定数配分の下で施行された国会議員の選挙において投票価値の平等につき違憲状態が生じていたとしても、その選挙が実施されるまでにその定数配分の見直しが行われなかったことが国会の裁量権の限界を超えないと、憲法に違反しないと認められる場合がある。〔令4-2-ウ〕	○

13条は、国家は国民を差別してはならないことを規定しています。

例えば、女性には、選挙権を与えない

という形で、男女で差をつけることは憲法は禁じています。

上記の例は、女性という理由で、政治的場面において差をつけようとしていました。憲法には「どういった理由」で「どういう場面で」差別してはいけないかを条文で規定しています。

どういった理由で	どういう場面で	左記以外の理由、場面の差別
人種 信条　※ 性別 社会的身分 門地（もんち）	政治的関係 ex.選挙権、被選挙権 経済的関係 ex.租税の賦課、勤労の権利 社会的関係 ex.居住の自由、教育を受ける権利	不合理な差別はすべて禁止

※　宗教上の信仰にとどまらず、広く思想上・政治上の主義を含む

上の図表に載っている５つの理由、３つの場面以外で差をつけていいのでしょうか。

例えば、「ブサイクは３倍の税金を課す」ことは条文に記載されているもので

はありません。

実は、憲法に規定されている５つの理由、３つの場面は歴史上、典型的にあった差別を「例として」取り上げたにすぎません。

ここに掲載がなくても、不合理な差別は14条を根拠に禁止されています。

問題を解いて確認しよう

1	憲法第14条第１項の「人種、信条、性別、社会的身分又は門地」は、限定的に列挙されたものである。〔30-2-エ〕	×
2	憲法第14条第１項の「信条」とは、宗教上の信仰を意味するにとどまらず、広く思想上、政治上の主義を含む。〔30-2-ウ〕	○

×肢のヒトコト解説

1　限定的な列挙ではなく、一例を記載しただけです。

これで到達！　合格ゾーン

☐ 高齢であるということは社会的身分には当たらない（最大判昭39.5.27）。

〔30-2-オ〕

★14条１項の「社会的身分」とは、人が社会において占める継続的な地位を指すため、高齢者は、これには該当しないことになります。

第7章 人権総論

ここからは、人権の共通的な事柄を見ていきます。
具体的には、
・今まで説明してきた人権は誰が持てるのか（第1節 人権の享有主体）
という点と
・人権の力が弱くなってしまう場面（第2節　人権の限界）
を見ていきます。
特に、第1節の中の外国人の出題が多いところです。

第1節 人権の享有主体

ここでは、今まで説明してきた人権、誰が持っているかを見ていきます。日本国民が持っているのは当たり前として、外国人も日本国憲法の人権が持てるかが論点です。

> 外国人の人権享有主体性
> 〈マクリーン事件（最大判昭53.10.4）〉
> 憲法第三章の諸規定による基本的人権の保障は、権利の性質上、日本国民のみをその対象としているものを除き、わが国に在留する外国人に対しても等しく及ぶ。

外国人というのは、日本に居住している日本国籍がない方です。人権というのは、国籍によって生まれるものではなく、人であるがゆえに生まれる権利です。だから、**外国人も日本国憲法の人権が持てます**。

ただし、判例は日本国憲法の人権の全部は認めていません。ここでは、外国人に認められる人権と、認められない人権を押さえていきましょう。

◆外国人に認められるか◆

権利の種類	結論	判例年月日
入国の自由	×	(最大判昭32.6.19)
在留の権利	×	(最大判昭53.10.4)
出国の自由	○	(最大判昭32.12.25)
再入国の自由	×	(最判平4.11.16)

ここは、危険な外国人を想定しています。

その方が入国の自由を掲げ、

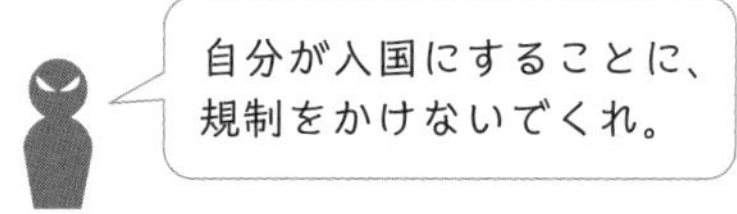

このように主張されても、それは規制をかけたいですよね。外国人には**入国の自由は認められません**。

また、危険な外国人が日本にいて、もう1年居たいから在留許可を出してくれと言われても、嫌だと拒否したいですね。**在留の権利は認められません**。

一方、そういう危険な外国人が、日本から出国したいと言ってきたらどうでしょう。「どうぞどうぞ出ていってください」となりますね。**出国の自由は認められる**のです。

最後に、ある危険な外国人が海外旅行に行く、日本に戻ってくるので、入国許可が欲しいと言ってきたらどうでしょう（これが再入国という話です）。

この方は、出国してまた入国してきますよね。**入国の部分については、自由はない**ので、**再入国の自由は認められない**ことになります。

権利の種類	結論	判旨（判例年月日）
政治活動の自由	○ （限定付）	政治活動の自由は、わが国の政治的意思決定またはその実施に影響を及ぼす活動等外国人の地位にかんがみこれを認めることが相当でないと解されるものを除き、その保障が及ぶ（マクリーン事件／最大判昭53.10.4）。

外国人が政治活動をするのはどうでしょうか。例えばデモ活動などすることです。**判例は外国人の政治活動を認めている**のですが、次のような縛りをつけています。

Point

在留期間中の憲法の基本的人権の保障を受ける行為を、在留期間の更新の際に消極的な事実として斟酌されないことまでの保障が与えられているものと解することはできない。

これは「『デモ活動していた』ことは、**次の在留許可申請でマイナス要素として考慮する**可能性があるよ」ということを意味します。つまり、次の通りです。

これでは、自由を認めていないのと同じじゃないかと思うところです…。

権利の種類	結論	判旨（判例年月日）
国政レベルの選挙権	×	国会議員の選挙権を有する者を日本国民に限っている公職選挙法は、憲法15条、14条に違反しない（最判平5.2.26）。
地方レベルの選挙権	×	93条2項にいう「住民」は日本国民を意味し、在留外国人に対して選挙の権利を保障していないが、地方公共団体の長、その議会の議員等に対する選挙権を付与する立法措置を講ずることは、憲法上禁止されていない（最判平7.2.28）。

選挙権は、国政レベルと地方レベルで分ける必要があります。**国政レベルについては現在権利がありません。そして、法律で選挙権を与えることが禁止され、**

与えると違憲とされます。

一方、地方選挙レベルについては、現在は権利がありません。ただ、**法律で選挙権を与えることは認められます。**

悪意のある外国人が日本の国政を支配したら、日本をつぶされる危険があります。そのため、国政レベルについてははダメとしています。

一方、地方レベルについては**「地域のことは、地域の住民で決めるべきだ」という考え**から、参政権を与えることはできるとしています（本書作成時では、いまだ参政権を与える立法はされていません）。

権利の種類	結論	判旨（判例年月日）
社会権	×	社会保障上の施策において自国民を在留外国人より優先的に扱うことも許される（最判平元.3.2）。

弱者保護の権利については、日本国民を優先させます。財源の問題もあるので、まずは日本国民を優先させてもしょうがないところです。

問題を解いて確認しよう

1	憲法第3章の諸規定は、同表題が「国民の権利及び義務」とされていることから、外国人には適用されない。〔オリジナル〕	×
2	外国人に国会議員の選挙権と被選挙権を付与することは、国民主権の原則が侵害される余地はないから、憲法上認められると解する。〔オリジナル〕	×
3	我が国に在留する外国人に対し、法律をもって、地方公共団体の長やその議会の議員の選挙権を付与する措置を講じなくても、違憲の問題は生じない。〔25-1-エ〕	○
4	我が国に在留する外国人のうち永住者等であってその居住する区域の地方公共団体と特段に緊密な関係を持つに至ったと認められるものについて、法律をもって、当該地方公共団体の長に対する選挙権を付与する措置を講ずることは、憲法上禁止されていない。〔31-1-ウ〕	○
5	我が国に在留する外国人に対しても、一時的に海外旅行する自由について憲法上の保障が及ぶ。〔31-1-イ〕	×
6	在留期間の更新又は変更を受けないで在留期間を経過して我が国に残留する外国人を生活保護の対象とするかどうかは立法府の広い裁量に委ねられているから、当該外国人が緊急に治療を要する場合であっても生活保護の対象としないとの取扱いは、違憲とならない。〔31-1-オ〕	○
7	憲法は、何人も、居住、移転の自由を有する旨を定めており、その保障は、外国人にも及ぶところ、この居住、移転には、出国だけでなく、入国も含まれることから、外国人には、日本から出国する自由に加え、日本に入国する自由も保障される。〔25-1-イ〕	×
8	一時出国した在留資格を有する外国人がその在留期間満了の日以前に再入国する自由については、原則として保障される。〔オリジナル〕	×
9	外国人について、その在留期間中に政治活動をしたことを考慮して、在留期間の更新を拒絶したとしても、憲法に違反しない。〔15-1-1〕	○

×肢のヒトコト解説

1 外国人にも、人権は認められます。

2 国政選挙権を与えることは違憲です。

5 外国旅行しても、日本に再入国する部分に保障は及びません。

7 入国する自由は認められていません。

8 再入国の自由は認められていません。

法人に人権規定は適用されるか？

憲法第3章に定める国民の権利及び義務の各条項は、性質上可能な限り、内国の法人にも適用される。

（八幡製鉄政治献金事件／最大判昭45.6.24）

法人にも、人権は認められます。例えば、**宗教法人が信教の自由がなかったら意味がない**ですよね。

ただ、人権によっては、法人に認められない人権もあります。

一番、議論になるのが次の図です。

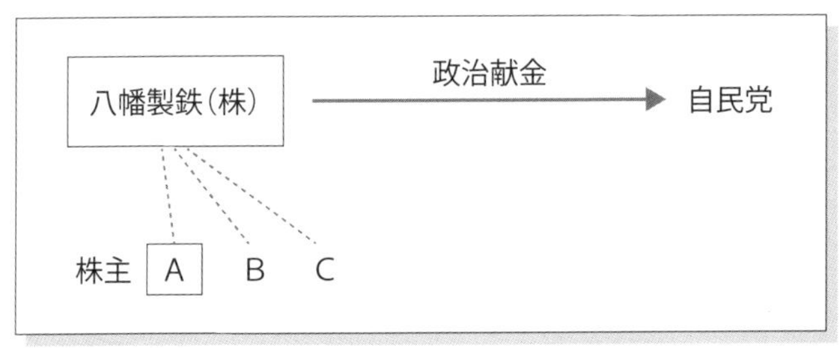

法人に、政治献金をする自由があるのでしょうか。

なぜ、これが議論になるかというと、法人が政治献金をするのと、自然人が政治献金をした場合、どっちが金額が大きいでしょう。

これは法人ですよね。

すると、ある法人が「橋を作ってくれ」という政治献金をした場合と、ある自然人が、「自然環境のために作らないで欲しい」と政治献金をした場合、政治家はどっちに流れやすいでしょう。

やはり金額が大きい法人の方に流れますよね。

法人に政治献金の自由を認めた結果、自然人の政治献金の力が弱くなってしまうのです。**判例は、それでも構わない**と考えているようです。

もう1つこれには問題点があります。

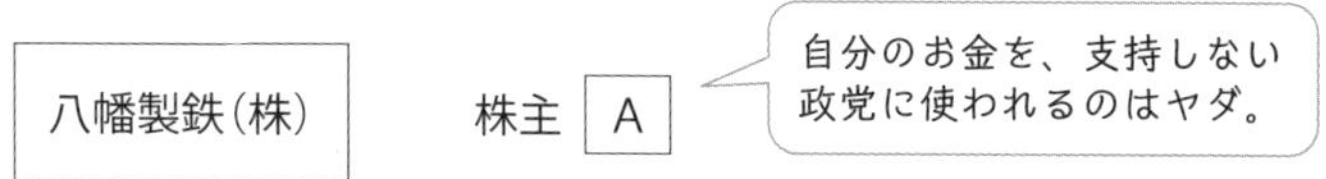

株主は、会社にお金を投資しています。その投資したお金で会社は、ある政党に政治献金をしたのです。実際、株主1人は社会党の支持者でした。この方は、「自分のお金が自民党に渡っているのは、**自分の思想良心の自由を侵害する**。やめて欲しい」と訴えました。

法人の人権を認めることによって、団体のメンバーの人権(思想良心の自由)が侵害されてしまうことを主張したのです。

ただ、この事件では、**会社が勝っています**。

似たような事件が他にもあります。

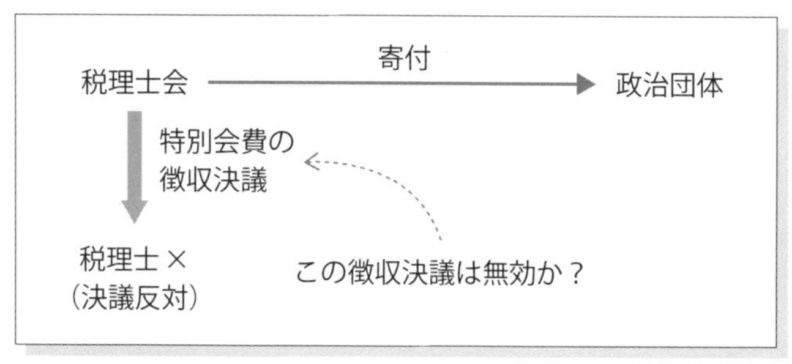

税理士会というのがあります。税理士は、各地域にある税理士会に所属をしないと、税理士活動ができません。

ある税理士会が、政治団体に寄付をしようとして、特別徴収することを決議しました。ただ、税理士の一人が、「その政治団体、私は好きではない、だから献金をしたくない」と拒みました。

この事件は税理士が勝っています。

なぜこのような結論の違いが生じたのでしょうか。

◆ 前ページの事件の比較 ◆

法人の種類	加入	活動	許否
株式会社	任意	政党への政治献金	許
税理士会	強制	政治団体への政治献金	否

ポイントは、**強制加入か、任意加入かという点にあります**。

会社の事件ですが、政治献金がどうしても嫌であれば、株式譲渡をして会社から抜けてお金を回収することができます。「**自分の人権を守るためには、抜ければいい**」というのが会社の事件の理屈です。

一方、税理士会の方は抜けられません。なぜなら**税理士会をやめると、税理士活動ができなくなってしまう**からです。だから税理士会の事件の方は、人権を守るために徴収を無効にしています。

問題を解いて確認しよう

1 会社は、国や政党の特定の政策を支持推進しまたは反対する等の政治的行為をなす自由を有するが、会社の政党への寄付は政治の動向に影響を与え国民の参政権を侵害するおそれがあるから認められない。〔オリジナル〕 ×

2 会社は、公共の福祉に反しない限り、政治的行為の自由を有するが、会社による政治資金の寄附は、それによって政治の動向に影響を与えることがあり、国民の参政権を侵害しかねず、公共の福祉に反する結果を招来することとなるから、自然人である国民による政治資金の寄附と別異に扱うべきである。〔25-1-ア〕 ×

3 税理士会が、政治資金規正法上の政治団体に金員の寄付をすることは、税理士会の目的の範囲内の行為であるから、当該寄付をするために会員から特別会費を徴収するための決議は、有効である。〔オリジナル〕 ×

ヒトコト解説

1　会社に政治献金の自由は認められています。

2　判例は、自然人と法人で差をつけていません。

3　税理士会を抜けることができないので、この決議を認めると思想良心の自由を侵害してしまいます。

第2節　人権の限界

(1) 私人間的効力

人権というのは最強の権利ではありますが、無制約で認められるわけではありません。例えば、公共の福祉という原理によって人権は制約されます。

他にも、人権が制約される場面というのが幾つかあります。1つ目が、相手が私人の場合です。

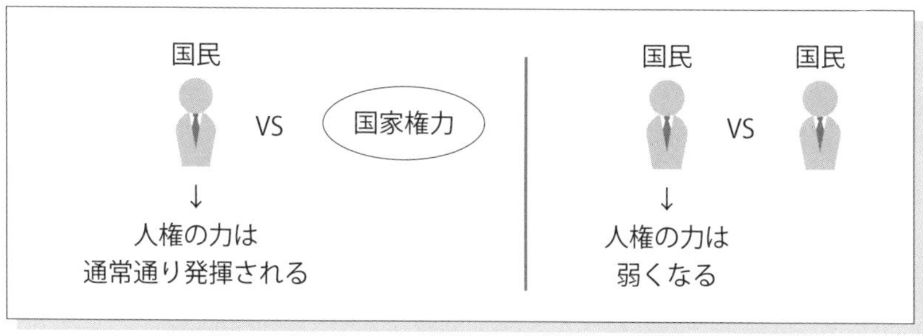

憲法というのは国家に対するルールです。そのため**争っている相手が民間人だと、自分の人権の力が弱くなります**。

類型	三菱樹脂事件（最大判昭48.12.12）
事件	3か月の試用期間を設けて採用された者が、入社試験の際に大学在学中の学生運動歴につき虚偽の申告をしたという理由で本採用を拒否されたため、雇用契約上の地位の確認と賃金の支払を求めた。
争点	特定の思想を有することを理由に本採用を拒否することは思想・信条の自由（19）や法の下の平等（14）に対する侵害にあたらないか。
判旨	企業者が特定の思想、信条を有する者をそのゆえをもって雇い入れることを拒んでも、それを当然に違法としたり、直ちに民法上の不法行為とすることはできない。

思想を理由に、国家が不利益を与えることは許されません。

ただ今回、思想を理由に不利益を与えたのは民間企業です。つまり、「私人ＶＳ　国」ではなく、「私人　ＶＳ　民間企業」です。

このように、相手方が私人だと自分の人権の力が弱くなります。

ちなみに、この事件は企業が勝っています。**企業側にも「誰を採用するかは自由に決めたい」利益がある**からです。

類型	昭和女子大事件（最判昭49.7.19）
争点	学生の政治活動を広範に制限する「生活要録」（学則の具体的な細則）や、これへの違反を理由とする退学処分は、憲法19条や表現の自由（21）、学問の自由（23）等に対する侵害に当たらないか。
判旨	保守的な校風を有する大学が、学生の政治活動につきかなり広範な規律を及ぼしても、不合理な制限とは断定できず、退学処分も懲戒権者の裁量権の範囲内にある。

これは、政治活動をしたことによって、退学という不利益を受けています。

相手は国立の学校ではなく、私立の学校です。相手は、民間人であるため、こちらの人権が弱くなり、この事件は、大学側の勝ちになっています（学生側も「保守的な学校で、政治活動はＮＧ」ということは、事前に分かっていたので、しょうがない結論でしょう）。

類型	日産自動車事件（最判昭56.3.24）
争点	女子の定年年齢を男子より5歳低く定める会社の就業規則（男子60歳、女子55歳）は、憲法14条及び民法90条に反しないか。
判旨	性別のみによる不合理な差別を定めたものとして、民法90条（公序良俗違反）により無効である。

就業規則により退職する年齢について、男女で年齢による差別をしていました。男女で年齢を理由として差をつけていますが、これにはちゃんとした理由があるとは思えません。

相手は日産自動車という民間企業ですが、これはあまりにもおかしいだろうということで、**従業員側の勝ち**にしています。

従業員側の勝訴にしていますが、判旨には「違憲」という言葉を使わず、「無効」という言葉を使っています。

違憲・合憲という理屈は、国家に対して使えるものなので、ここでは使えません。ではどういったロジックで、無効という処理にしているのでしょう。

今回の就業規則は、ちゃんとした理由のない差別なので、憲法14条に反する内容になっています。

憲法14条に反する契約は、民法の公序良俗に反します。そのため、この就業規則は、**民法90条により無効になる**のです。

民間人同士の争いなので、使用するルールは民法です。ただ、民法を適用するする際に、憲法の趣旨を取り込んでいるのです。

これが、間接適用と呼ばれる手法です。憲法をダイレクトに使うのではなく(直接適用ではない)、**民法を間にかませて、憲法を使っている**ところから、このように呼ばれています。

1 民間の企業者が特定の思想・信条を有する者を、そのことを理由として雇い入れることを拒むことは、思想・信条による差別であるから許されないとするのが判例である。〔オリジナル〕 ×

2 専ら女子のみであることを理由として、定年年齢を男子60歳に対して女子55歳と格差を設けて定めた会社の就業規則は、民法90条により無効である。〔オリジナル〕 ○

3 私立大学の学生が、無届で法案反対の署名運動を行ったり、許可を得ないで学外の政治団体に加入したことが、当該大学の「生活要録」の規定に違反するとして、大学が当該学生を退学処分とすることは、懲戒権者の裁量権の範囲外であり、違法である。〔オリジナル〕 ×

×肢のヒトコト解説

1 思想信条を理由に、民間企業が雇い入れを拒むことは適法です。

3 私立大学が、学生の政治活動につき制約を加え、退学処分することは懲戒権者の裁量権の範囲内です。

(2) 特別な関係における人権の制約

Point

公務員の人権制約

(1) 労働基本権の制約

職務の公共性、特殊性などの観点から、制約を受ける（全農林警職法事件／最大判昭48.4.25)。争議行為については、一律に禁止される。

(2) 政治活動の自由の制約

職務の中立性と、これに対する国民の信頼を確保するために、制約を受ける（猿払事件／最大判昭49.11.6)。

国家と一定の関係にある方は人権が制約されます。

例えば公務員がこれに当たり、**ストライキは一律禁止**にされていました。

公務員になると、他の人権にも制約を受けます。例えば、**公務員になると政治活動は一律禁止**になります。

例えば、市役所の職員が政治活動をしているとしましょう。
それにより、**住民は不安を憶える可能性があります**。

公務員が政治活動をして、政治的な色がついてしまうと、住民は上記のような不安をもってしまいます。**「国民の信頼」を確保するため、公務員の政治活動を制約した**のです。

Point

刑事施設に収容されている者の人権の制約
刑事施設に収容されている者は、逃亡・罪証隠滅・暴行・自他殺傷などを防止するため、一定の人権の制約を受ける。

刑事施設に入っている方は、人権制約を受けます。
例えば居住移転の自由はありません。**移転の自由があったら、刑事施設から逃亡する**でしょう。

(1) 閲読の自由
具体的事情のもとにおいて、閲読を許すことにより、刑事施設内の規律及び秩序の維持の上で放置することのできない程度の障害が生ずる相当の蓋然性が認められる場合には、閲読が制限されうる(よど号ハイジャック記事抹消事件／最大判昭58.6.22)。

刑事裁判中の方が自費で新聞を取っていました。
ある日の朝刊に、よど号ハイジャック事件の記事が載っていて、それを見た施設長が、

と思い、そこの部分を消してしまったのです。

この施設長が行ったことは、この人の知る権利を制約しているのですが、これは許されるのでしょうか。

判例の基準を覚えてください。「刑事施設内の規律及び秩序の維持の上で放置することのできない程度の障害が生ずる相当の蓋然性が認められる場合」となっていますが、**相当の蓋然性という言葉を覚えてください。**

講義では、「暴動が起きる可能性が70％以上なら、制約してよい」と説明しています。

(2) 喫煙の自由（最大判昭45.9.16)。
① 喫煙の自由は、憲法13条の保障する基本的人権の一に含まれるとしても、あらゆる時、所において保障されなければならないものではない。
② 喫煙禁止という程度の自由の制限は、必要かつ合理的なものであると解するのが相当であり、憲法13条に違反するものといえないことは明らかである。

「たばこを吸う権利を保障する」という内容は、憲法に規定されていません。もし、この権利を保障するとしたら、13条の新しい人権になるでしょう。

ちなみに、**新しい人権として保障するという判例は出ていません**（ここも出題されています）。

上記の判例では、たばこを吸う権利を人権として保障することがあっても、**刑事施設に入っている方には認めない**、と判示しています。

火災を伴って逃げる危険があるためです。

問題を解いて確認しよう

1	公務員の政治的中立性を損なうおそれのある公務員の政治的行為を禁止することは、公務員に対して政治的意見の表明を制約することとなるが、それが合理的で、必要やむを得ない限度にとどまるものである限り、憲法の許すところである。〔25-1-ウ〕	○
2	何人も、公共の福祉に反しない限り、喫煙の自由を有しているから、未決勾留により拘禁された者に対し、喫煙を禁止することは、憲法第13条の趣旨に反し、許されない。〔17-1-イ〕	×
3	喫煙の自由は、憲法の保障する基本的人権には含まれず、未決拘禁者に対して刑事施設内での喫煙を禁止することは、拘禁の目的、制限の必要性や態様などについて考察するまでもなく、憲法に違反しない。〔25-1-オ〕	×

×肢のヒトコト解説

2 喫煙の自由を認めていません。また在監者に、この権利を認めていません。

3 喫煙の自由を認めないとはされていません。ただ、在監者にはこの権利を認めていません。

第4編 統治機構

ここからは、憲法の出題のメイン2つ目の統治に入ります。ここの学習で、心がけて欲しいのは、「条文を読む」ことです。

単純知識が多くあるため、条文を読むという方法を使って、知識を入れていきましょう。

～主権は国民にありますが、その意味を深く掘り下げてみましょう～

第0章 国民主権と天皇制

統治の内容に入る前に、まずは主権について説明します。
そもそも、主権とは何かというのを見て、そのうえで、今の天皇の立場を学習しましょう。
直接の出題は多くはありませんが、これからの基礎知識になるところです。

	権力的契機	正当性の契機
主権の意味	国政における最終決定権	国家権力の正当性の根拠
国民主権の「国民」の意味	有権者団	国民全体
批判	全国民が主権を有する国民と主権を有しない国民とに二分されることになるが、主権を有しない国民の部分を認めることは、民主主義の基本理念に反する。	国民主権が建前にすぎないこととなる。

主権はもともとは、**国政に関する決定権**と言われていました。国民主権というのは、主権が国民にあるという意味、つまり**国政の決定権は国民にある**ということを意味します。これが、上記の図表の中の「権力的契機」という部分です。

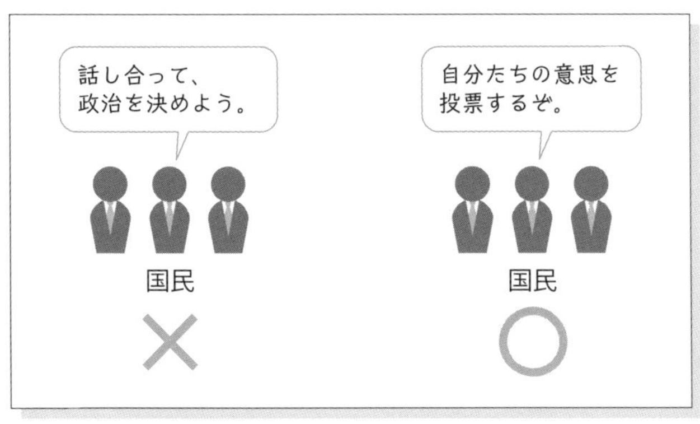

ただ、いくら国民に国政の決定権があるといっても、国民一人ひとりが、みんなで話し合って物事を決めるのは不可能です。そこで実際には、国会議員を選んで、彼らに決定を委ねています。つまり、**ここでいう主権というのは、事実上、投票権になっています**。

国民の全員が投票権を持っているでしょうか。
持っていません。

つまり、**この考え方は、主権を持つ国民と持たない国民がいることを認めることになります**。

これではダメだということで、もう1つの考え方が出てきました。これが、前ページの図表の正当性の契機です。

権力行使をする人は、国民に説明し、国民が納得しているから、その権力行使が正当化されます。**権力行使をする人から説明を受けること、これが主権になる**のです。

そして、権力を行使する人は、自分の政治活動を大人に対してはもちろんのこと、小学生に対しても、説明する必要があります。つまり、**説明を受けるという主権を持つものは国民全員になる**のです。

ただこの考え方にも弱点があります。

主権というのが、説明を受ける権利という受け手になってしまう、つまり国民側から何かができるという権利ではなくなっているのです。そのため、**権利とは名ばかりになっている**という点が弱点です。

問題を解いて確認しよう

国民主権にいう「国民」の意義について、次の二つの見解がある。〔オリジナル〕

第１説　国民主権にいう「国民」とは、一切の自然人たる国民の総体である全国民である。

第２説　国民主権にいう「国民」とは、有権者の総体である。

1	主権概念には国家権力及びその行使を正当化する機能があるが、第１説ではその機能が重視されているといえる。	○
2	国民の中に主権者である者とそうでない者がいることを認めることになり、民主主義の理念に反すると批判されるのは、第１説である。	×
3	第２説に対しては、この説と結びつく主権概念の機能からすると国民主権が実体の伴わない単なるイデオロギー概念になってしまうという批判が妥当する。	×

×肢のヒトコト解説

2　第２説の方が批判を受けます。

3　第１説の方が批判を受けます。

では、この国民主権のもと、天皇はどのような役割を持っているのでしょう。
次の条文を見てください。

1条
天皇は、日本国の象徴であり日本国民統合の象徴であつて、この地位は、主権の存する日本国民の総意に基く。

4条
1　天皇は、この憲法の定める国事に関する行為のみを行ひ、国政に関する権能を有しない。

この条文は象徴ということを強調したいのではなく、**主権者ではないということを強調したい条文**です。また、**天皇に国政の決定権がない**ことも、明らかにしています。

3条
天皇の国事に関するすべての行為には、内閣の助言と承認を必要とし、内閣が、その責任を負ふ。

ここでいう助言と承認というのは、アドバイスという意味ではなく、コントロールを意味しています。

つまり、**天皇の行動は、すべて内閣がコントロールして行わせている**のです。

だからこそ、天皇の行為について責任を取るのは、天皇自身ではなく、コントロールをしている内閣となるのです。

問題を解いて確認しよう

1	内閣は、天皇のすべての国事行為について責任を負う。〔オリジナル〕	○
2	天皇は、日本国憲法の定める国事に関する行為のみを行い、国政に関する権能を有しない。〔オリジナル〕	○

～主権者代表の集まりである国会は、権限や役割も大きく多岐にわたります～

第1章 立法

令和7年本試験は
ここが狙われる！

国会について、勉強していきます。
主要な論点は
① 国会単独立法、中心立法の原則
② 衆議院の優越
③ 国会の権能・議院の権能
の3点です。これらの用語が出てきたときは、少し時間をとって読むようにしてください。

第1節 国会の地位

立法府は我々のルールを作ったり、予算を決めたりするかなり力が強いところです。そのため、**好き勝手できないように、憲法がルールを作っています。**

41条
国会は、国権の最高機関であつて、国の唯一の立法機関である。

このポイントは「唯一の」という言葉の意味です。ここには**「国会単独立法の原則」と「国会中心立法の原則」という2つの意味が入っています。**

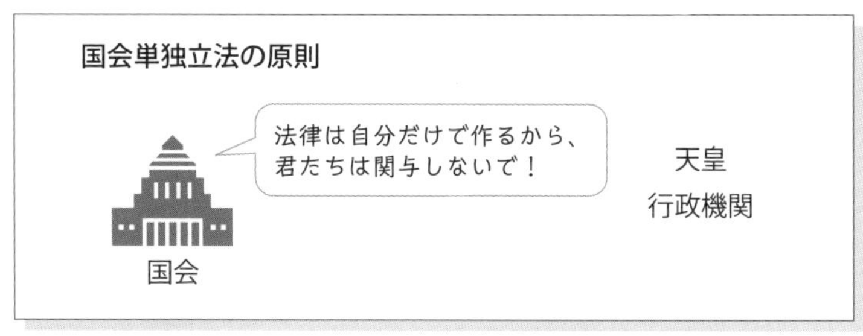

国会単独立法の原則というのは、**法律を作るのは国会だけでできる、法律を作**

るのに他の関与が要らないことを言います。

昔は「国会の決議＋天皇の裁可」で、法律となりました。国会だけではルールが作れなかったのです。

今はそういったことが許されず、国会だけで立法できるのが原則です。

この国会単独立法の原則ですが、いくつか例外があります。

> **95条**
> 一の地方公共団体のみに適用される特別法は、法律の定めるところにより、その地方公共団体の住民の投票においてその過半数の同意を得なければ、国会は、これを制定することができない。

ある地域を狙い撃ちにするルールを作ろうとする場合、その地域の住民のＯＫがないとできないようにしています。中央政府による、地方いじめができないように、その地域のＯＫがないと法律を制定できないようにしたのです。

つまり、

国会の議決　＋　住民投票　→　法律

となっていて、国会の議決だけでは法律を作ることができないのです。

> **96条**
> 1　この憲法の改正は、各議院の総議員の三分の二以上の賛成で、国会が、これを発議し、国民に提案してその承認を経なければならない。この承認には、特別の国民投票又は国会の定める選挙の際行はれる投票において、その過半数の賛成を必要とする。

憲法改正をしようとする場合、国会ができるのはあくまでも提案にすぎません。その上で、国民の大多数の賛成がないと憲法改正はできません。

つまり、

国会の議決　＋　国民投票　→　憲法改正

となっていて、これも国会だけでは、立法ができない例外になっています。

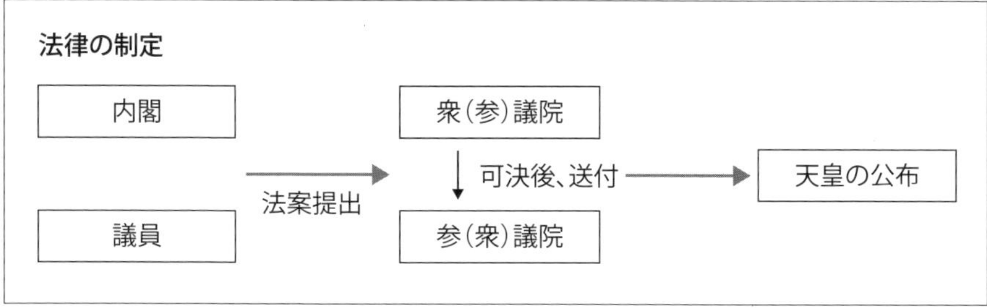

上の図は、法律ができるまでの手続の流れです。

まず、法律にしようとする**条文の案を作って、それを衆議院・参議院に提出**して、その案でいいのか、修正するのかを話し合います。

案を提出するのは、**衆議院に先に出しても、参議院に先に出しても構いません**。両方で賛成があり、その後の手続を経たうえで、天皇が公布することによって法律が実施されます。

ここでのポイントは、誰が案を出すかという点です。

国会議員も案を出せますが、**内閣も案が出せます**。内閣が案を出して国会で話し合っているというところを見ると、「国会だけで立法できる」という国会単独立法に反するのではないかと思うところです。

ただ、**内閣が法律案を提出しても問題ない**としているのが通説です。

ここは、理由付けまで出題されているので、そこまで押さえましょう。

①憲法上、内閣総理大臣は、内閣を代表して議案を国会に提出することができる（72前段参照）。
　→　72条前段の「議案」には法律案を含むと考える。
②憲法上、国会は、法律案を自由に修正し否決することができる（59参照）。よって、国会単独立法の原則に反しないといえる。
③憲法上、内閣総理大臣及び過半数の国務大臣は、国会議員の中から選ばれることになる（67Ⅰ前段・68Ⅰ後段）。よって、内閣の法律案の提出は国会議員の提出と同視できるので、合憲であるといえる。また、内閣総理大臣又は国会議員である国務大臣が法律案を提出できることから、内閣の法律案提出権を否定しても無意味である。

①について

72条
内閣総理大臣は、内閣を代表して議案を国会に提出し、一般国務及び外交関係について国会に報告し、並びに行政各部を指揮監督する。

もともと内閣が案を出せるという条文があります。だったら、法律案も提出できるだろうという主張です。

②について

59条
1　法律案は、この憲法に特別の定のある場合を除いては、両議院で可決したとき法律となる。

内閣は案を提出するだけで、その後、国会は内容を修正できます。そのため、内閣に案を作らせても問題ないという主張です。

③について

67条
1　内閣総理大臣は、国会議員の中から国会の議決で、これを指名する。この指名は、他のすべての案件に先だつて、これを行ふ。

68条
1　内閣総理大臣は、国務大臣を任命する。但し、その過半数は、国会議員の中から選ばれなければならない。

内閣のメンバーの大半は国会議員です。そのため、内閣が出しているというのは、国会議員が出しているのと変わらないだろうという主張です。

また、仮にこれを禁じても、メンバーの中の国会議員が、国会議員の資格で案を提出することができるので、内閣の案の提出を否定する意味がないのです。

◆ 国会単独立法の原則 ◆

意義	国会による立法は、国会以外の機関の参与を必要としないで成立するという原則 ※内閣が法律案を提出することは、この原則に反しない
例外	①地方自治特別法制定のための住民投票（95） ②憲法改正の国民投票（96 Ⅰ）

これまでの論点を、上の図表でまとめましたので、これで覚えていきましょう。

1	憲法上、内閣総理大臣は、内閣を代表して議案を国会に提出することができるという記述は、内閣が国会に法律案を提出することが憲法上許されるかという問題について、否定する立場の根拠となる。〔17-3-ア〕	×
2	憲法上、国会は、法律案を自由に修正し否決することができるという記述は、内閣が国会に法律案を提出することが憲法上許されるかという問題について、否定する立場の根拠となる。〔17-3-ウ〕	×
3	憲法上、内閣総理大臣及び過半数の国務大臣は、国会議員の中から選ばれることになるという記述は、内閣が国会に法律案を提出することが憲法上許されるかという問題について、否定する立場の根拠となる。〔17-3-オ〕	×

ヒトコト解説

1~3　すべて肯定する立場の根拠です。

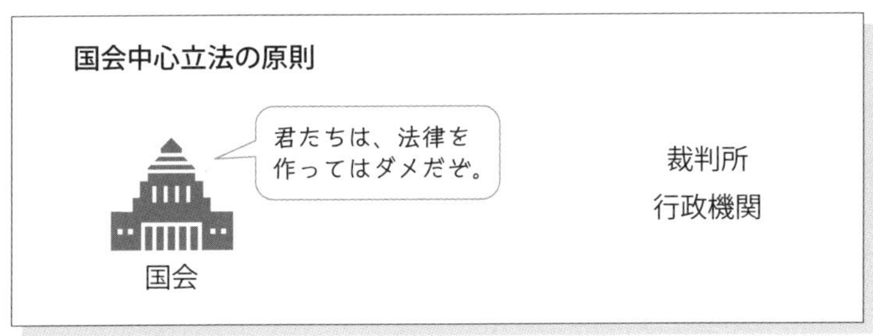

実質的意味の立法という言葉があります。これは国民にプラスを与えたり、マイナスを課したりするルールと思ってください。こういった**国民にプラスマイナスを与えるルールは、国会しか作れない**、例えば**行政府（役人）は作ってはいけない**とするのが、国会中心立法の原則です。

◆ 国会中心立法の原則 ◆

意義	国会以外による実質的意味の立法は、憲法の特別の定めがある場合を除いて許されないという原則
例外	①両議院の規則制定権（58Ⅱ） ②最高裁判所の規則制定権（77Ⅰ） ③委任命令（73⑥）

これにもいくつか例外があります。

衆議院は衆議院で自分たちのルールが作れます。例えば衆議院規則、参議院規則というものがあり、ここには議員の行動を縛るルールが規定されています。ただ、こういった規則は**衆議院（参議院）だけで作れる**としています。衆議院・参議院そろって可決する必要はないのです。

このように、自分たちのルールは自分たちで作れるという話は、裁判所にもあります。最高裁判所は、**裁判所の内部の細かい事柄については、自分たちでルールを作れる**のです。

問題を解いて確認しよう

1	両議院の規則制定権や最高裁判所の規則制定権は、「国会中心立法の原則」の例外である。〔オリジナル〕	○
2	地方自治特別法は、その地方公共団体の住民投票において過半数の同意を得なければならないが、これは「国会中心立法の原則」の例外である。〔オリジナル〕	×
3	憲法改正は、国会の発議に加えて国民による承認が必要であり、「国会中心立法の原則」の例外に当たる。〔オリジナル〕	×

×肢のヒトコト解説

2, 3 これは単独立法の原則の例外です。

第2節 国会の組織と活動

Point

二院制とは、それぞれ独立に意思決定を行う権能をもつ2つの議院によって議会が構成されることをいう。
国会は、衆議院と参議院の二院によって構成される（42条）。

国会は、衆議院と参議院の2つからできていますが、それぞれ違いがあります。

衆議院に属する国会議員の任期は4年ですが、参議院の国会議員の任期は6年です。また、衆議院には解散がありますが、参議院にはありません。また参議院は、3年ごとに半数ずつ選挙しなおします。

Point

権能上の関係（衆議院の優越）

国会の意思は両議院の意思の合致によって成立するのが原則であるが、両議院の意思が合致しない場合には国政が停滞してしまうおそれがある。そこで、国政上重要な事項については衆議院の優越を認めている。

衆議院	＞	参議院
4年に1回の改選 解散することがある	優先	6年間の任期 解散制度なし

衆議院には、解散権がある、任期が4年というところから、**直近の国民の意思を反映している**から、**参議院より衆議院を優先**させています。

ここでは、どういった場面で衆議院を優先させているのかを押さえましょう。

覚えましょう

予算先議権：予算は、先に衆議院に提出される（60 Ⅰ）。

法律案を提出する先は、衆議院・参議院のどちらでもよいのですが、予算案は、必ず衆議院に提出するように決まっています。

そして、衆議院が可決した後に参議院に送られますが、参議院は30日以内に決めるようにタイムリミットが設けられてしまっています。

このように、衆議院側に予算を決める優先権があるのです。

	法律案（59 Ⅱ・Ⅲ）	予算・条約の承認・内閣総理大臣の指名（60 Ⅱ・61・67 Ⅱ）
衆議院と参議院とが異なる議決をした場合	衆議院が出席議員の３分の２以上の多数で再議決 ↓ 衆議院の議決が国会の議決	両院協議会を開催 ↓意見不一致 衆議院の議決が国会の議決
両院協議会の開催	任意 →衆議院が決定	必要 →必ず開く

これは、衆議院と参議院で意見が違った場合の処理方法の論点です。

例えば、「衆議院は、法律案を可決したのに、参議院で否決されたとか」「衆議院は、内閣総理大臣としてAを指名したのに、参議院では別の人を内閣総理大臣として指名した」という場合です。

この場合の処理には、以下の2つのパターンがあります。

パターン①　衆議院の3分の2の賛成で再可決をして、衆議院の意見を通す
パターン②　自動的に衆議院の意見で決まりになる
（ただし、両院協議会が要る）

どちらのパターンになるかは、急ぎ案件かどうかで分かれます。

予算が通らないと、国が回らなくなります。また、内閣総理大臣がいなければ、行政府が回らなくなります。そして条約の承認の場合、相手国が待っています。**こういった急ぎ案件についてもめた場合、自動的に衆議院の意見で決まりとしています。**

ただし、両院協議会を開くのを必須条件にしています。これは、衆議院、参議院の代表者が集まって行う話し合いの場です。憲法は、お互いで意見の歩み寄ることを期待しているのです。

一方、**法律案に関しては自動的にはせず、衆議院でもう一回決議をする必要があります。しかも、出席議員の過半数では足りず、出席議員の3分の2の賛成が必要**です（議院の決議は、出席議員の過半数が基本ですが、その例外になっています）。そのかわり、両院協議会という歩み寄りの会議をするかどうかは任意にしています。

問題を解いて確認しよう

	問題	解答
1	法律案と同様に、予算は、衆議院と参議院のいずれに先に提出してもよい。〔18-2-2（令4-3-ウ）〕	×
2	予算については衆議院の先議が必要とされているが、条約の締結の承認については参議院において先議することも可能である。〔公務員2013-エ〕	○
3	法律案について参議院と衆議院と異なった議決をした場合に、法律で定めるところにより両院協議会を開いても意見が一致しないときは、衆議院の議決を国会の議決とする。〔オリジナル〕	×
4	法律案について、衆議院で可決し、参議院でこれと異なった議決をした場合は、衆議院は両院協議会を開くことを求めなければならない。〔オリジナル〕	×
5	衆議院で可決された予算は、参議院で否決された場合でも、衆議院で3分の2以上の多数により再び可決されたときは、予算として成立する。〔18-2-4（26-2-3）〕	×
6	国会による内閣総理大臣の指名につき、衆議院と参議院とが異なる議決をした場合に、憲法上、両議院の協議会を開催することなく、衆議院の議決が国会の議決となる場合がある。〔オリジナル〕	×
7	教授：内閣総理大臣の指名については、憲法上どのように定められていますか。 学生：内閣総理大臣は、国会議員の中から、国会の議決で指名されますが、衆議院と参議院とが異なった指名の議決をした場合に、衆議院で出席議員の3分の2以上の多数で再び指名の議決がされたときは、衆議院の議決が国会の議決となります。〔令3-3-ウ〕	×

×肢のヒトコト解説

1 予算は、衆議院に先に提出する必要があります。

3 3分の2の再可決が必要です。

4 両院協議会は任意です。

5 予算は急ぎ案件なので、再可決は不要です。

6 再可決は不要ですが、両院協議会が必須です。

7 再可決なしで、衆議院の議決が国会の議決になります。

2周目はここまで押さえよう

◆活動上の関係◆

独立活動の原則	両院はそれぞれに独立に議事を行い、議決をする原則 例外　両院協議会（60 II・67 II）
同時活動の原則	両院は、同時に召集され、同時に閉会するという原則（54 II） 例外　参議院の緊急集会（54 II但書・III）

衆議院と参議院の関係を示したものです。基本的には、衆議院と参議院は別々に会議が開かれ、両方の議員が合わせて審議することは、両院協議会以外にはありません。

また、同時活動の原則という原理もあり、これによれば「衆議院を開催している場合は、参議院も開く」「衆議院が閉じているときは、参議院も閉じる」となります（緊急集会という例外もあります）。

☑ 1　特別会は、衆議院の解散に伴う衆議院議員の総選挙後に召集されるものであり、その会期中は、参議院は閉会となる。〔26-2-5〕　×

◆議決の要件等◆

定足数	表決数		
	（原則）	例外①	例外②
総議員の3分の1以上（56 I）	**出席議員の過半数（56 II）** ※可否同数のときは議長が決する（56 II）。	**出席議員の3分の2以上** ・議員の資格争訟の裁判により議員の議席を失わせる場合（55） ・秘密会の開催の決定（57 I但） ・懲罰による議員の除名（58 II但書） ・衆議院における法律案の再議決（59 II）	**総議員の3分の2以上** ・憲法改正の発議（96 I前段）

上記は、国会の決議要件をまとめた図表です。

定足数としては、総議員の３分の１が要求され、この出席がないと会議が開けません（会社法と比べても低い数値になっているのに注目してください）。

次に賛成数は、出席の過半数が原則ですが、出席の３分の２が要求されるものもあります（クビにする場合、非公開にする場合、再可決の場合と覚えましょう）。

そして、憲法改正に至っては、出席の３分の２ではなく、「総」議員の３分の２まで要求されています。

☑ **1**	両議院は、それぞれその総議員の３分の１以上の出席がなければ、議決をすることができないだけでなく、議事を開くこともできない。〔26-2-2〕	○
2	両議院で議員を除名する場合、両議院で秘密会を開く場合、憲法改正を発議する場合などは、出席議員の３分の２以上の多数を要することになっている。〔オリジナル〕	×

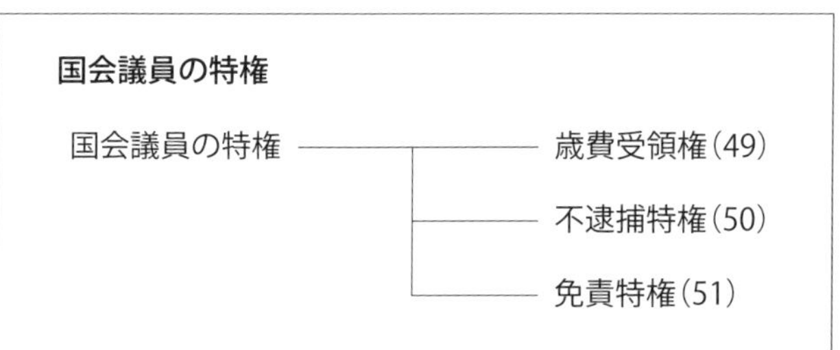

国会議員にはいろんな特権があります。

ざっくり言うと、**給料がもらえる　逮捕されない　そして、民事刑事責任がない**のです。

50条
　両議院の議員は、法律の定める場合を除いては、国会の会期中逮捕されず、会期前に逮捕された議員は、その議院の要求があれば、会期中これを釈放しなければならない。

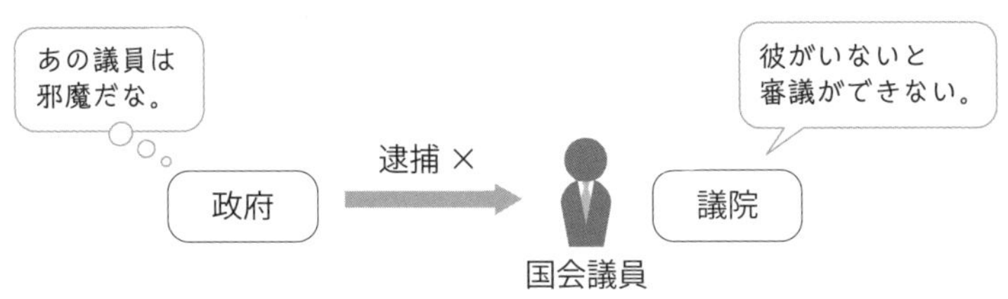

逮捕がされないのは、政治犯として捕まらないようにするためです。
「政府と対立する政治家は、罪をでっち上げられて、捕まりやすい」という歴史があります。そこで、できるだけ捕まらないようにしたのです。
また、その国会議員が法案などを作っていた場合、**その人がいないと法案の審議がうまく進まない**ことから、捕まえないようにしようという理由もあります。

今の理由を押さえておくと、逮捕できる場合が理解できます。

覚えましょう

逮捕できる場合（国会法33）
①　院外における現行犯罪の場合
②　議員の所属する議院の許諾がある場合

罪もないのに、でっち上げて捕まえるのをおそれています。そうであれば、今現実に犯罪をやっているところを捕まえるのであれば、問題ないでしょう。
また、衆議院議員であれば衆議院の方から「その方がいなくても、審議に問題はないから大丈夫」というＯＫが取れれば、逮捕しても構いません。

51条
　両議院の議員は、議院で行つた演説、討論又は表決について、院外で責任を問はれない。

Point

免責特権

① 院外で責任を問はれない
　一般国民であれば負うべき民事上・刑事上の法的責任が免責される
　　ex. 名誉毀損による損害賠償責任
　→ 国に国家賠償請求の可能性あり（最判平9.9.9）
② 院内では責任を問われ、場合によって懲罰される（58Ⅱ）

　これは免責特権の話です。自由な発言ができるように、国会内の発言については刑事・民事責任を問わないようにしています。

　国会ではヒートアップして、

その論法はおかしいですね。
君は馬鹿ですか？？

こんな発言も出るかもしれません。一般的には名誉毀損罪とかにもなりかねませんが、**自由な発言を保障するために、国会内での発言には刑事・民事責任を問われないようにしました**。

　過去に、ある病院について発言をしたところ、その発言が原因で、その病院の病院長が自殺をしたという事件がありました。その場合でも、議員個人には、民事責任、刑事責任を負わせませんでした。
（ただ、国が雇っている国会議員が不法行為をしたということで、**国に国家賠償請求を認める余地はあります**。）

　ただ、発言の内容によっては「**衆議院議員であれば、衆議院から懲罰**」を受ける可能性はあります。

> **51条**
> 両議院の議員は、議院で行つた演説、討論又は表決について、院外で責任を問はれない。

「院外で責任を問はれない」としているので、その衆議院「内」で懲罰することは問題ないのです。

問題を解いて確認しよう

1	国会議員は、法律の定める場合を除いては、国会の会期中逮捕されず、会期前に逮捕された国会議員は、当該国会議員の属する議院の要求があれば、会期中これを釈放しなければならない。〔令4-3-ア〕	○
2	両議院は、それぞれその議員の逮捕に対し許諾を与えることができるが、議員は、その許諾がなければ、院外における現行犯罪の場合でも、国会の会期中は逮捕されない。〔オリジナル〕	×
3	国会議員は、議院で行った演説、討論または表決について院外で法的責任を問われることはないが、議員の言動が院内の秩序を乱した場合は、院内で懲罰の対象となることがある。〔オリジナル〕	○
4	両議院の議員は、院内で行なった演説、討論又は表決について院外で責任を問われないため、議員が行ったこれらの行為につき、国が賠償責任を負うことはない。〔26-2-4(令4-3-オ)〕	×

×肢のヒトコト解説

2 現行犯であれば、院の許諾がなくても逮捕できます。

4 公務員が不始末をした場合には、国が損害賠償責任を負う余地があります。

Point

国会の権能（主なもの）

① 憲法改正の発議（96）

② 法律案の議決（59）

③ 条約の承認（61・73③）

④ 内閣総理大臣の指名（67）

⑤ 弾劾裁判所の設置（64）

⑥ 財政の統制（60・83以下）

ここに載っているものは、国会の権能と呼ばれるもので、**衆議院と参議院両方で賛成してできる**ことです。

ここでは、③条約の承認を説明します。

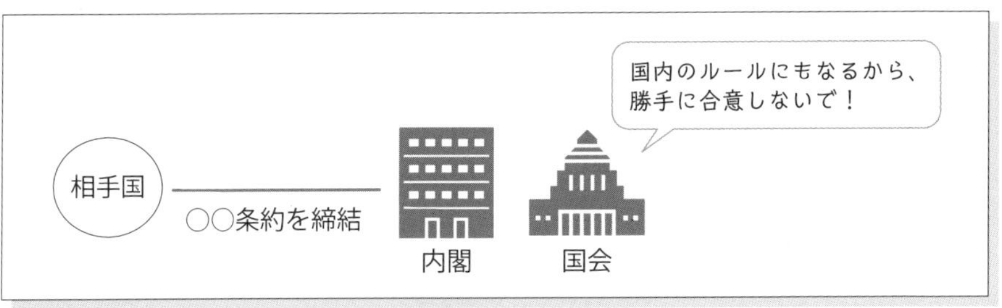

Point

条約：国家間の合意

要件：内閣と相手国が合意すること ＋ 国会の承認があること

国家間の約束のことを条約といいます。

この条約の内容は、**内閣が交渉して決めるのですが、国会のＯＫが必要**です。

条約の内容によっては国内法のルールにもなります（例えばワシントン条約により、国内での動物取引に規制がかけられています）。**国民にプラスマイナスを課すルールになる**ので、**国会のＯＫが必要なのです**。

73条
内閣は、他の一般行政事務の外、左の事務を行ふ。
③ 条約を締結すること。但し、事前に、時宜によつては事後に、国会の承認を経ることを必要とする。

国会の承認は、合意の前に取るのが原則です（合意の内容を決めても合意をせずに、いったんは国会の承認をもらってから、相手国と合意をするのです）。

ただ、**緊急事態の場合には後で承認を取ることも認められています**。

Point

議院の権能（議院の自律権）

議院の自律権とは、各議院がそれぞれの内部組織や運営等について、他の議院や他の機関からの干渉を受けることなしに、自主的に決定を行う権能をいう。

ここから見るのは議院の権能と呼ばれるもので、衆議院の可決だけ、参議院の可決だけで可能になる権能です。

上記に載っている**自律権というのは、自治と思ってください。**

自分たちのことは自分たちで決めさせて欲しいという観点から、衆議院だけ参議院だけでいろんなことができるようにしています。

例えば、次の図を見てください。

① 議員懲罰権（58条2項本文後段）
② 議院規則制定権（58条2項本文前段）

①悪さをしていたら、衆議院内で懲罰する、参議院で懲罰するということができます。国会内でいくら発言をしても、民事刑事責任は問われませんが、衆議院内で懲罰を受けることはあります。

②は先ほど見た衆議院規則、参議院規則というもので、自分たちのルールは自分たちで決められるという話です。

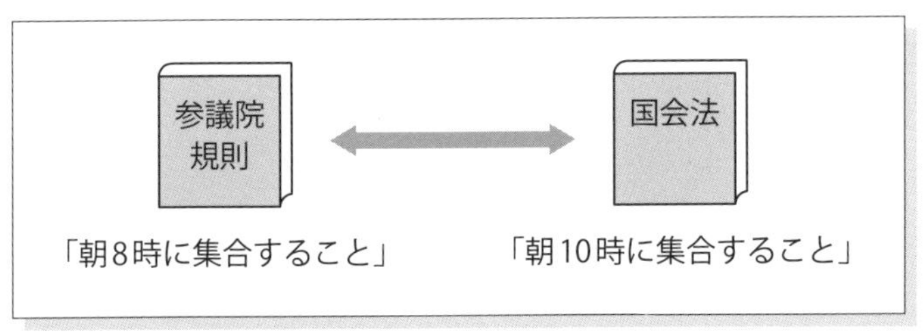

衆議院規則、参議院規則とは別に、国会法という法律があります。ただ衆議院規則に書かれていることを、国会法はルール化していません。

もし規則に書かれている内容と同じ内容を国会法が規定し、しかも、それが上の図のようにバッティングしていた場合、国会法と規則のどちらが優先されるのでしょうか。

◆ 議院規則と法律が抵触した場合の効力関係 ◆

	理由
法律優位説	法律の制定に両議院の議決が必要であるのに、議院規則の成立には一院の議決だけで足りる。
規則優位説	国会法を一般法、規則を特別法のように解して、規則を優先的に適用する。

法律と規則、どこで作っているかに注目してください。**法律は衆議院参議院両方で可決して作っています**。

一方、**規則は衆議院だけ参議院だけで決めています**。そのように考えれば、法律の方が強いという結論にいきます。

一方、規則の方が強いのだと主張する学者の先生もいます。**国会法が一般法で、規則は特別法だから、特別法の方が優先する**と考えるのです。

国政調査権

国政に関する調査を行い、これに関して、証人の出頭及び証言並びに記録の提出を要求することができる権能をいう（62条）

→議院に与えられた権能を実効的に行使するために認められた、補助的権能

国政調査権という言葉があります。例えば、衆議院に関係者を呼び出して話を聴くなどの権限を持っています。

こんなことやっているのかと思うかもしれませんが、証人喚問という言葉を聞いたことはありませんか。あれはまさに、この国政調査権の権限行使なのです。

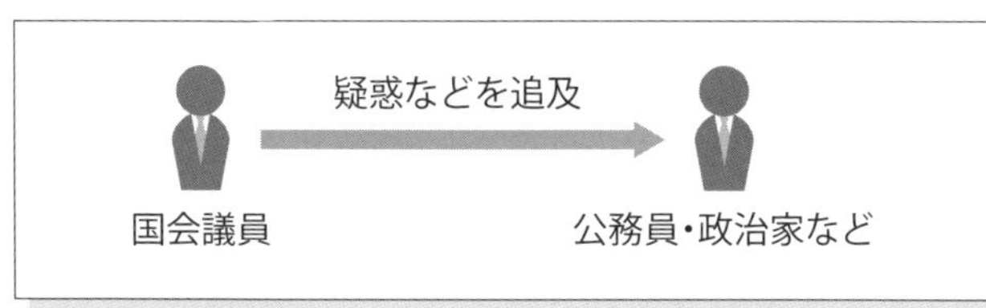

例えば、官僚を呼び出して話を聴くとか、汚職をした人を呼び出して話を聴いたりすることがありますが、あれは、**国会のお仕事のための調査をしている**のです。

「行政を監督する」ための情報集めとして、「新しい法律を作る」ための情報集めとして、関係者を呼び出して話を聴いているのです。

この調査権は、衆議院独自に、参議院独自に使うことが可能です（ちなみに、これは衆議院、参議院の権能であって、国会議員の権能ではありません）。

1	憲法改正の発議は、国会の権能ではなく、議院の権能である。〔オリジナル〕	×
2	国政調査権は、国会の権能ではなく、議院の権能である。〔オリジナル〕	○
3	国会法と各議院が定めることができる議院規則との関係について、国会法の成立には両議院の議決が必要であるのに対し、議院規則は一院の議決のみで成立するという手続の違いを重視すると、議院規則の効力が国会法に優位するといえる。〔16-2-1 改題〕	×
4	国家間の合意であるとの条約の性質に照らし、内閣は、事前に国会の承認を経なければ、条約を締結することができない。〔29-3-ア〕	×
5	国会議員は、それぞれ国政に関する調査を行い、これに関して、記録の提出を要求する権限を有する。〔令4-3-イ〕	×

×肢のヒトコト解説

1 国会の権能です。

3 この見解は、国会法が優先する立場の見解です。

4 事後に国会の承認を得るという方法もあります。

5 衆議院、参議院の権能であって、国会議員の権能ではありません。

〜行政権の最高権力者である内閣総理大臣は国会議員の中から選ばれます〜

第2章 行政

行政権の行使、つまり内閣について見ていきます。
ここは論点の数も少なく、出題も多いところではありません。単純に覚える作業がメインになるので、条文を参照しながら本書を読むようにしてください。

内閣というのは、トップを内閣総理大臣とし、メンバーを国務大臣とする会議体のことを指します。では、どういう人がなれるのでしょう。

覚えましょう

		内閣総理大臣	国務大臣
資格要件		①国会議員であること(67Ⅰ) ②文民であること(66Ⅱ)	①過半数は国会議員であること(68Ⅰ但書) ②文民であること(66Ⅱ)
選任手続	指名	国会の議決による(67Ⅰ)	
	任命	天皇が行う(6Ⅰ)	内閣総理大臣が行う(68Ⅰ)
	認証		天皇が行う(7⑤)

内閣総理大臣は必ず**国会議員の必要があります**。ただ、衆議院議員の必要はありません。

そして、もう1つの要件が**文民であること**で、これは軍人ではないという意味だと思ってください。かつて東条英樹という軍人が総理大臣になった結果、戦争に突っ走っていったという苦い歴史があるので、軍人でないことを要件にしています。

そして、この**内閣総理大臣は国会が決めます**。そして天皇がそれに追随して任命行為を行います。

一方、国務大臣はどうでしょう。国務大臣も国会議員の必要があるのですが、**全員が国会議員の必要はありません**。いわゆる民間大臣というもので、国会議員でない方から大臣を選ぶことも認められています。ただ、**文民という要件は、国務大臣にも要求されます**。

そして、**国務大臣を選任するのは、内閣総理大臣です**（内閣総理大臣が独断で決められる内容です）。

◆ 内閣の権能と内閣総理大臣の権能 ◆

内閣の権能（一部）	内閣総理大臣の権能（一部）
①条約の締結（73③） ②予算の作成と国会への提出（73⑤・86） ③政令の制定（73⑥） ④天皇の国事行為についての助言と承認（3・7） ⑤衆議院の解散の決定（7③、争いあり） ⑥最高裁判所の長官の指名（6 Ⅱ） ⑦最高裁判所の長官以外の裁判官の任命（79 Ⅰ）	①国務大臣の任命（68 Ⅰ） ②国務大臣の罷免（68 Ⅱ） ③国務大臣の訴追に対する同意（75） ④内閣を代表して議案を国会に提出（72） ⑤内閣を代表して一般国務及び外交関係について国会に報告（72） ⑥内閣を代表して行政各部を指揮監督（72） ⑦法律・政令への連署（74）

これは内閣という会議体で行うことか、総理の独断でできることかを分けている図表です。

内閣が行うことの「②予算を作る」ことを見てください。

> **86条**
> 　内閣は、毎会計年度の予算を作成し、国会に提出して、その審議を受け議決を経なければならない。

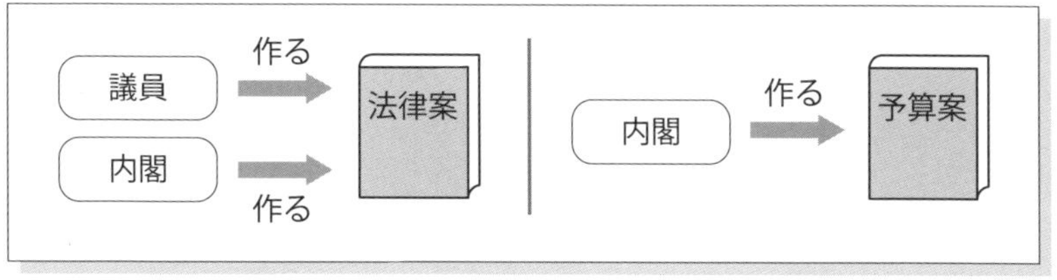

法律案は、国会議員でもできますが、**予算案は、内閣しか作れません**。すべての国家作用が分かっている内閣でないと（**すべてのお金の流れが分かっていないと**）、予算案が作れないと考えましょう。

では、次に内閣総理大臣の権限を見ていきましょう。

①②

68条
1　内閣総理大臣は、国務大臣を任命する。但し、その過半数は、国会議員の中から選ばれなければならない。
2　内閣総理大臣は、任意に国務大臣を罷免することができる。

大臣を選んだりクビにすることで、これは他の誰にも言われることはなく、総理の独断でできます。

③

75条
国務大臣は、その在任中、内閣総理大臣の同意がなければ、訴追されない。但し、これがため、訴追の権利は、害されない。

大臣に刑事訴訟を起こすには、内閣総理大臣の同意が必要です。大臣としての職務を全うしてほしければ、同意しないで、刑事訴訟を起こされないようにできるのです。

④⑤⑥

72条
内閣総理大臣は、内閣を代表して議案を国会に提出し、一般国務及び外交関係について国会に報告し、並びに行政各部を指揮監督する。

この条文では、内閣総理大臣の３つの権限を規定しています。

④　内閣を代表して議案を国会に提出すること

国会にて決議されるべきとして、内閣側から発案される案件すべてを指します（ほとんどは予算案と法律案です）。

⑤　一般国務や外交関係について国会へ報告

一般国務とは、行政事務すべてを指しています。他にも外交関係について国会に報告する権限を指します。

⑥　行政各部の指揮監督

内閣総理大臣は、それぞれの省庁のトップに対する指揮監督を行える権利を有しています。

この指揮監督は閣議決定が必要となっていますが、閣議がなくても、行政を滞りなく行うために随時指導や助言等の指示を与える権限も持っていることを、最高裁で判断されたこともあります（ロッキード事件）。

⑦

74条
法律及び政令には、すべて主任の国務大臣が署名し、内閣総理大臣が連署することを必要とする。

法律や政令を出す時、担当の国務大臣の署名そして内閣総理大臣の署名することを要求しています。

これは、内閣の責任の明確化をはかるためです。

今回、制定する法律や政令の内容を、しっかりと確認・理解しました。そのうえで、この法律のもとで、行政を執行します。

総理大臣　担当大臣

こういうイメージでいいでしょう。

（ちなみに、署名しなかったからといって法律・政令が無効になることはありません。）

近代立憲主義国家の主要な統治形態は、立法権と行政権の両者を可能な限り分離・独立の関係に置く大統領制と、両者の協働・相互交渉の関係に重きを置く議院内閣制とに分けることができる。
日本国憲法では議院内閣制を採用している。

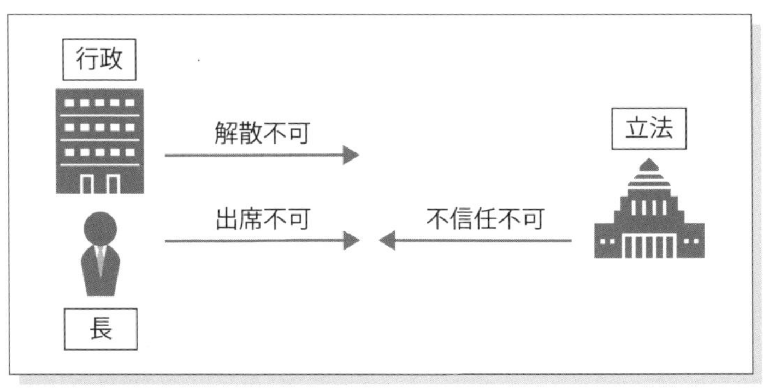

行政と立法の関係には、大統領制と議院内閣制があります。

上に出ているのが、大統領制です。行政と立法が完全に分離をしている関係になっています（行政の方は、議会に出席すらできません）。

そして、国民は立法の国会議員を選ぶだけでなく、行政のトップ（大統領）を選ぶこともできます。

一方、もう1つの考え方が次の図です。

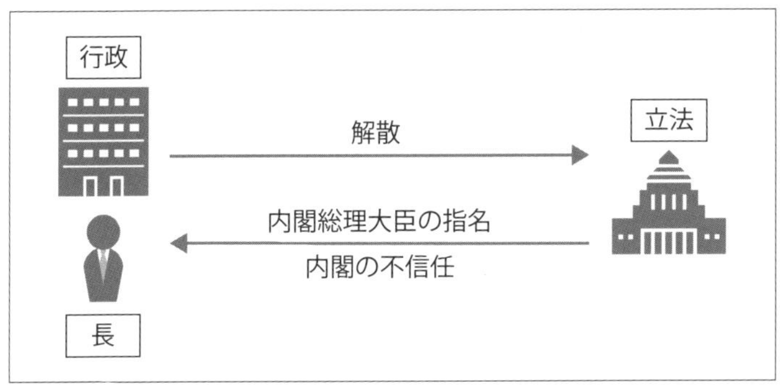

議院内閣制、これは**国会と内閣がタッグを組んでいる**という関係です。

具体的に言うと、立法府である国会が内閣総理大臣を選びます。また、内閣総理大臣は必ず国会議員ですし、また、国務大臣の過半数は国会議員です。つまり国会からすれば、メンバーを送り込んで、タッグを組んでいるのです。

タッグを組んでいるからこそ、そのタッグの解消ができます。国会側から不信任決議という形式で解消することができ、内閣から解散行為という形式で解消することができます。

これで到達！　合格ゾーン

□ 議院内閣制の憲法上のあらわれ

①内閣総理大臣は国会議員の中から国会の議決で指名する（67Ⅰ）。
②その他の国務大臣の過半数は国会議員の中から選任する（68Ⅰ但書）。
③内閣は行政権の行使について国会に対し連帯して責任を負う（66Ⅲ）。
④内閣総理大臣その他の国務大臣は議院に出席する義務を負う（63）。
⑤内閣総理大臣が欠けたときには、内閣は総辞職しなければならない（70）。
⑥内閣は衆議院の信任を必要とする（69・70）。

★憲法には「○条　日本国は、議院内閣制を採用する」という条文はありません。ただ、議院内閣制を前提にした条文がいくつもあります。国会が内閣のメンバーを選んでいる（①②）、選ばれたからこそ、国会に責任を負う（③）、タッグを組んでいるから国会に出席する（④）、トップがいなくなると組織はすべて終わる（⑤）、タッグを組む国会から信任を受けなくなると内閣は終わる（⑥）などが規定されています。

問題を解いて確認しよう

1	内閣総理大臣は文民でなければならないが、その他の国務大臣は文民である必要がない。〔オリジナル〕	×
2	内閣総理大臣は、衆議院議員の中から衆議院の議決で指名され、参議院は内閣総理大臣を指名できない。〔オリジナル〕	×
3	教授：国務大臣の任命については、憲法上どのように定められていますか。 学生：内閣総理大臣が国務大臣を任命しますが、国務大臣の過半数は、国会議員の中から選ばれなければなりません。〔令3-3-エ〕	○
4	内閣総理大臣は、国務大臣を任命するとともに、国務大臣を罷免することができるが、当該任免は内閣の重要な意思決定であることから、閣議にかけて決定する必要がある。〔オリジナル〕	×
5	内閣総理大臣は、法律案を国会に提出することができない。〔31-2-イ〕	×
6	国務大臣は、その在任中、内閣総理大臣の同意がなければ、訴追されない。〔27-2-ウ〕	○
7	教授：内閣総理大臣は、行政各部に対し指示を与える権限を有しますか。 学生：内閣総理大臣は、閣議にかけて決定した方針が存在しない場合においても、内閣の明示の意思に反しない限り、行政各部に対し、その所掌事務について一定の方向で処理するよう指示を与える権限を有します。〔令3-3-オ〕	○
8	法律及び政令には、全て主任の国務大臣が署名し、内閣総理大臣が連署することを必要とする。〔27-2-エ〕	○

×肢のヒトコト解説

1 内閣総理大臣も、国務大臣も文民の必要があります。

2 衆議院議員の必要はありませんし、また参議院も内閣総理大臣を指名できます。

4 総理の独断で決めることができる内容です。

5 内閣総理大臣には、法律案を提出する権限もあります。

◆内閣の総辞職◆

意義	内閣構成員全員が同時に辞職すること
具体例	①内閣総理大臣が欠けたとき(70) ②衆議院議員総選挙後に初の国会が召集されたとき(70) ③衆議院が不信任の議案を可決し、又は信任の議案を否決した後、10日以内に衆議院が解散されなかったとき(69)

内閣総辞職、これは総理大臣だけでなく、国務大臣の全員が辞職することを意味します。どんな時に生じるのかを、1つ1つ見ていきましょう。

①内閣総理大臣が欠けたとき(70)

総理大臣というトップがいなくなれば、その組織は終わりになります。これは、内閣総理大臣の辞任だけでなく、内閣総理大臣が死亡した場合も該当します。

②衆議院議員総選挙後に初の国会が召集されたとき(70)

衆議院選挙が終わったところで、国会が開かれるのですが、そこで今の内閣にはやめてもらいます。そして、新しい国会議員のもとで、新しい総理大臣を選ぶことになるのです。

衆議院総選挙というのは、任期満了で行う総選挙だけでなく、**解散によって行う総選挙でも、内閣は総辞職**します。

ただ、総辞職になるのは衆議院の総選挙だけであって、**参議院の選挙では総辞職になりません**。

③衆議院が不信任の議案を可決し、又は信任の議案を否決した後、10日以内に衆議院が解散されなかったとき(69)

内閣不信任決議がされた場合です。国会から「今の内閣は信用できない」とクビを宣言された場合、内閣側は、2つの手が取れます。

内閣

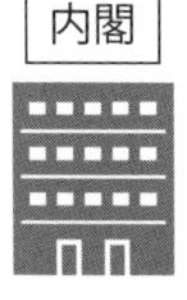

衆議院

不信任決議の可決

「もう君たちではダメだ」

選択肢①総辞職する

②衆議院を解散させる

1つは総辞職です。「クビだ」と言われて、それに従うことになります。

ただ、総辞職せずに「こっちの方が正しいはずだ。選挙で片をつけようじゃないか」と、衆議院を解散して、選挙にでることもできます。

ここで、内閣のメンバー（の党）の立候補者が多く当選するかどうかで、どっちが正しかったかが分かります。

ただ、衆議院選挙が行われて、その後に国会が召集されれば、とりあえず内閣は総辞職します。

結局、**不信任決議が可決されれば、どう転んでも、内閣の総辞職になる**のです。

つまり、不信任決議がされた場合、内閣は国会を巻き込んで死ぬのか、自分だけ死ぬのかを選ぶことになるのです。

問題を解いて確認しよう

1	衆議院において、内閣不信任決議案が可決されたときは、内閣は直ちに総辞職しなければならない。〔オリジナル〕	×
2	衆議院議員総選挙の後に初めて国会の召集があった場合は、内閣は総辞職をしなければならない。〔公務員2011-2〕	○
3	内閣は衆議院を解散した場合には、総選挙後、国会が初めて召集されたときに総辞職しなければならないが、衆議院議員の任期満了に伴う総選挙後の国会の際には、辞職する必要はない。〔公務員1993-3〕	×

×肢のヒトコト解説

1 総辞職をせずに、衆議院を解散させることもできます。

3 解散でも任期満了でも、内閣は総辞職することになります。

◆ 解散権の実質的決定権 ◆

69条限定説	衆議院の解散は、69条を根拠に認められ、かつ解散が行われるのは69条に定める場合に限られる。
7条3号を根拠とする説	解散は本来政治的な行為であるが、内閣が助言・承認を通じて、実質的決定をする結果、天皇の行う解散権行使は形式的なものとなる。

解散は、不信任決議をされたときに、内閣に対抗手段として与えました。また、**内閣が国民の民意を問いたい、というときに選挙ができる**ようにするためにも認めています。

ただ、内閣に解散権があると書いた条文がどこにもありません。そこで多くの学者の先生が、どの条文を根拠に解散が認められているのか意見を唱えます。1つの意見が、69条説というものです。

69条
内閣は、衆議院で不信任の決議案を可決し、又は信任の決議案を否決したときは、10日以内に衆議院が解散されない限り、総辞職をしなければならない。

上記の69条が、内閣に解散権があると書いた条文だと主張する学説があります。

ただ、この立場には弱点があります。**69条は、解散できる場面が限定されている**のです。

不信任決議の可決（もしくは信任の否決）の場合に限定されているので、これ以外の場面では、解散ができないことになります。

そしてもう1つ弱点があります。この69条は「内閣に解散権がある」と明言していないことです。

そこでもう1つの立場が登場し、今の実務として使われています。
それが、次の7条3号を根拠にする見解です。

7条
天皇は、内閣の助言と承認により、国民のために、左の国事に関する行為を行ふ。
③　衆議院を解散すること。

天皇が解散を行っているように見えます。ただ、**すべての天皇の行為は内閣の助言と承認のコントロールのもとに行います**。つまり、**内閣が天皇をコントロールして、解散権を使っている**のです。

そして、**7条3号は場面を限定していないため、不信任の可決（信任の否決）以外の場面でも、解散をすることが可能**となります。

問題を解いて確認しよう

次の2つの説は、衆議院の解散に関する見解である。〔オリジナル〕
第1説　内閣は、憲法第69条の場合のみ解散権を行使することができる。
第2説　内閣は、憲法第7条第3号を根拠に、解散権を行使することができる。

1	第1説に対しては、政党内閣制の下では多数党の支える内閣に対し不信任決議が成立する可能性は稀であるため、解散権を行使できる場合が著しく限定されてしまうという批判がある。	○
2	「天皇の国事行為は、形式的かつ儀礼的なものであって、その実質的決定権は、助言と承認を与える内閣にあり、天皇は、その助言と承認に拘束される」という記述は、第2説の根拠となる。	○
3	教授：衆議院で内閣不信任決議案を可決した場合には、どのような効果が生じますか。 学生：衆議院で内閣不信任決議案が可決された場合には、内閣は、直ちに総辞職をしなければなりません。〔令3-3-イ〕	×

×肢のヒトコト解説

3　内閣は、衆議院で不信任の決議案を可決したときは、衆議院を解散するか総辞職をするかいずれかの手段をとることを選択することができます。

~司法権の根本を学びます。裁判にならないことも結構あります~

第3章 司法

統治の中で一番出題が多い部分です。
ここで学ぶことを、ざっくりいうと以下のとおりです
① 裁判ができること、できないこと
② 裁判所の仕組み
③ 司法は他から影響を受けてはいけない
④ 憲法判断（違憲審査制）
どれも重要ですが、特に①④の出題が多いです。

第1節 裁判所

裁判所というのは、事件を解決するところですが、どんな事件でも解決できるわけではありません。

例えば、巨人と阪神どっちが強いのか、そんなもめ事（？）はもちろん解決できません。

裁判所が解決できる事件は、どういったものでしょう。

覚えましょう

〈法律上の争訟の要件〉
① 当事者間の具体的な権利義務ないし法律関係の存否に関する紛争
② 法令の適用により終局的に解決できるもの
※ この2要件を充たさないものについては、司法審査が及ばない。

①その人の権利義務があるかないかの争いであり、かつ②法律を使って解決できること、これが裁判所が判断できる内容です。

ここについての判例を、いくつか紹介します。

	問題の所在	判旨
警察予備隊訴訟 （最大判昭27.10.8）	最高裁判所は具体的事件を離れて、抽象的に法律等の合憲性を判断できるか？	司法権が発動するためには具体的な争訟事件が提起されることを必要とする。すなわち、特定の者の具体的な法律関係につき紛争の存する場合においてのみ裁判所の判断を求めることができる。したがって、最高裁判所は具体的事件を離れて、抽象的に法律等の合憲性を判断することはできない。

警察予備隊（自衛隊の前身になります）の法律ができたときに、この法律自体が違憲だと訴えた方がいました。

この人は、自分に何かの権利義務があると訴えたのではなく、単に法律がおかしいと訴えたのです。

これは裁判してくれません。

裁判所は、**その人の権利義務のありなしの判断しかしてくれない**ので、それを題材にしなければ、裁判は行われないのです。

	問題の所在	判旨
国家試験の合否判定 （最判昭41.2.8）	国家試験の合否判定に司法権が及ぶか？	国家試験における合格、不合格の判定も学問・技術上の知識、能力、意見等の優劣、当否の判断を内容とする行為であるから、その試験実施機関の最終判断に任せられるべきものであって、その判断の当否を審査し具体的に法令を適用して解決調整できるものとはいえない。

これは自分に資格があることを確認してくれと訴えるので、権利義務の争いにはなっています。

ただ、裁判官に判断ができないのです。

ある方が

見てくれ！　俺はボイラー技士の技術があるんだ。ほら、このように溶接できるだろう。だからボイラー技士の資格を認めてくれ！

裁判官

このような技術上の能力があるかどうかを裁判官は判断できないため、こういった訴えはできません。

	問題の所在	判旨
板まんだら事件 (最判昭56.4.7)	板まんだらを安置する正本堂の建立のために宗教団体に寄付を行ったところ、板まんだらが偽物であるとしてその寄付金の返還を求める訴訟を提起したが、当該訴訟に対して司法権は行使されるか？	本件訴訟は、寄付金返還請求という具体的な権利義務ないし法律関係に関する紛争 →宗教上の教義に関する判断は請求の当否を決する際の前提問題 ↓しかし 宗教上の教義に関する判断は訴訟の帰趨を左右する必要不可欠のもの ↓よって 実質的には法令の適用による終局的な解決の不可能な紛争 →法律上の争訟に該当しない

「本尊が見つかったので、それをまつる寺院を作りたいから寄付して欲しい」と寄付を募ったのですが、実はその本尊が宗教上偽物ではないかという疑義が生じ、争いになりました。

寄付をした者が「その宗教の本尊だと思っていた。本尊でないのなら寄付金を返還せよ」と不当利得返還請求権を行使して訴えました。

これは、法律上の権利のありなしがテーマになっています。

ただ、争点が「見つかった板まんだらが、その宗教の本尊かどうか」という点になりました。

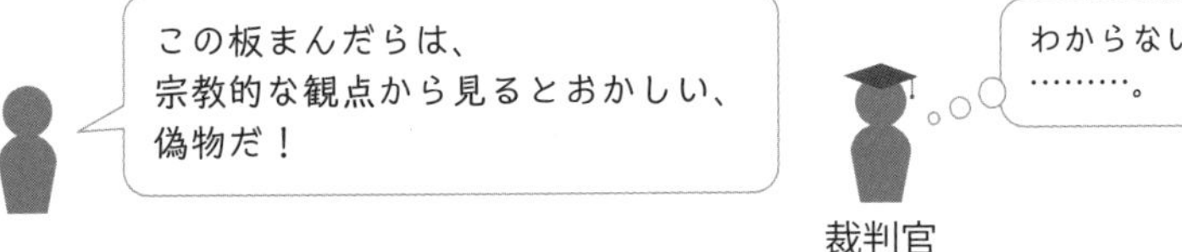

ここは、裁判所が判断できるところではありません。

このように、**法律上の権利義務を題材にしても、最終的には宗教上の判断が必要になると、裁判所は裁判をしません。**

問題を解いて確認しよう

1	裁判所は、具体的な争訟事件が提起されないのに将来を予想して憲法及びその他の法律の解釈に対し存在する疑義論争に関し抽象的な判断を下すような権限を行い得るものではないとの記述は、司法審査の及ばない理由として「法律上の争訟」の要件を欠くことを理由とする。〔19-2-オ〕	○
2	国家試験における合格又は不合格の判定は、学問又は技術上の知識、能力、意見等の優劣、当否の判断を内容とする行為であるから、その試験実施機関の最終判断にゆだねられるべきものであって、裁判所がその判断の当否を審査し、具体的に法令を適用して、その争いを解決調整できるものではないとの記述は、司法審査の及ばない理由として「法律上の争訟」の要件を欠くことを理由とする。〔19-2-ア（26-3-ア）〕	○
3	当事者間の具体的な権利義務ないし法律関係に関する訴訟であっても、宗教団体の内部においてされた懲戒処分の効力が請求の当否を決する前提問題となっており、宗教上の教義や信仰の内容に立ち入ることなくしてその効力の有無を判断することができず、しかも、その判断が訴訟の帰すうを左右する必要不可欠のものであるときは、当該権利義務ないし法律関係は、司法審査の対象とならない。〔26-3-イ〕	○
4	特定の者が宗教法人である宗教団体の宗教活動上の地位にあるか否かを判断するにつき、当該宗教団体の教義ないし信仰の内容に立ち入って審理、判断することが必要不可欠である場合には、宗教上の教義ないし信仰の内容に関わる事項についても裁判所の審判権が及ぶ。〔令2-3-ウ〕	×

×肢のヒトコト解説

4　信仰の内容に立ち入って審理することが必要不可欠である場合には、裁判所は審理、判断することができません。

Point

憲法の明文による限界

①　議員の資格争訟裁判（55）

②　弾劾裁判（64）

法律上の争訟の要件をクリアしても、裁判所が裁判をしないことがあります。

例えば、憲法が国会で裁判をすると決めていた場合です。**憲法が国会でジャッジすると決めた以上、裁判所は手出しができません。**

他にもあります。次のPointを見てください。

> **Point**
>
> 自律権とは、国会又は議院の内部的事項について自主的に決定できる権能をいい、自律権に属する行為については、裁判所の司法審査の対象とならない。

自律権とは他の機関からの圧迫や干渉を加えられずに自主的に決定できる権能のことです。国会や各議院の議事手続（56条）や懲罰（58条2項）がこれにあたります。

これに関する有名な判例を紹介します。

「新警察法は、衆議院における違法な会期延長決議の後に、参議院で議決されたものであり、無効である」とする訴えが起こされました。

これに対して、裁判所はあっけない判決を下しています。

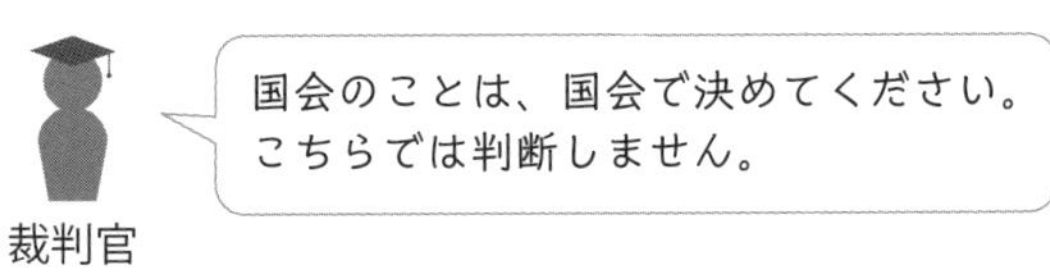

裁判所は国会又は各議院の自主性を尊重し、自律権に関するトラブルは裁判しない判断をしたのです。

統治行為論

直接国家統治の基本に関する高度に政治性のある国家行為で、法律上の争訟として裁判所による法律的な判断が理論的には可能であるのに、事柄の性質上、司法審査の対象から除外される行為。

「**高度な政治問題の場合、裁判所でも判断できたとしても、裁判をしない**」という理論が確立されています。一見、裁判所のさぼりじゃないかと思うところです。ただ、考えてみてください。

裁判所にいるのは、司法試験に受かった方です。一方、国会にいるのは私たちが選挙で選んだ人、私たちの代表がいます。

高度な政治問題は、裁判所に判断させるのではなく、私たちの代表がいる国会に判断させるべきです。

だから高度な政治問題を、裁判所がジャッジしないのです。

	問題の所在	判旨
砂川事件 （最大判34.12.16）	日米安全保障条約に基づく刑事特別法により刑事訴追された者が、条約自体が9条に違反すると主張した。 条約に司法審査が及ぶか。	一見極めて明白に違憲無効であると認められない限りは、裁判所の司法審査権の範囲外のものである。
苫米地事件 （最大判昭35.6.8）	いわゆる「抜き打ち解散」が違憲であるとして、衆議院議員としての地位の確認と歳費の支払を求めて出訴した。 衆議院の解散について司法審査が及ぶか。	その判断は政府、国会等の政治部門の判断に任され、最終的には国民の政治判断に委ねられているものと解すべきである。したがって、衆議院の解散について司法審査は及ばない。

前記のとおり、**高度な政治問題として、裁判所が扱わないのが「条約」と「解散権の行使」**です。この２つは覚えておきましょう。

Point

部分社会の法理

一般市民社会の中にあってこれとは別個の法規範を有する特殊な部分社会における法律上の係争は、それが一般市民法秩序と直接の関係を有しない内部的な問題にとどまる限り、その自主的、自律的な解決に委ねるのを適当とし、裁判所の司法審査の対象とならないとする理論。

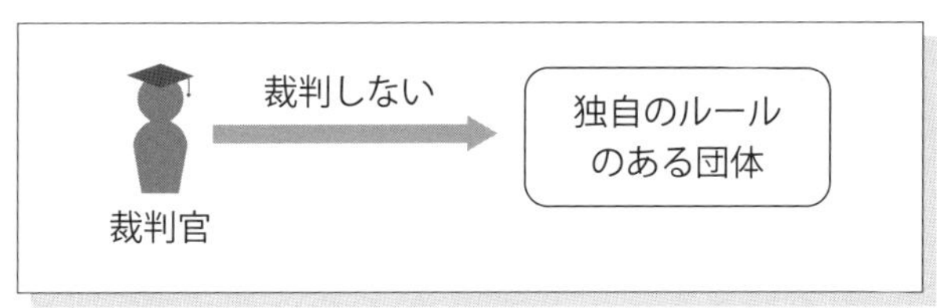

世の中には一定のルールを作っている団体があります。

例えば学校です。髪の毛を短くしなさい、スカートはこれぐらいの長さにしなさいなど、独自のルール体系を作っています。

そういった独自のルール体系を作っているところには、裁判所は手出しをしないようにしています。団体のルールを尊重して、裁判所は手を出さないのです。

ただ、**絶対手出しをしないというわけではなく、「内部事項にとどまる限り」という限界点を示しています**。

	司法審査の対象外	司法審査の対象となる
富山大学事件 （最判昭52.3.15）	単位認定	専攻科修了認定、 卒業認定
地方議会		・出席停止処分 （最大判令2.11.25） ・除名 （最大判昭35.10.19）
共産党袴田事件 （最判昭63.12.20）	除名処分	除名処分 ＋一般市民の権利を侵害する処分

内部にとどまるような内容は審査をしません。ただ、外部に飛び出すような内容になれば、それは司法審査をします。

例えば、大学の単位認定であれば、まだ内部事件ですが、**卒業認定となれば、大学の外に出ますので、内部事件にとどまりません**。

ただ、地方議会においては、出席停止処分であっても司法審査の対象になります。**住民が選んだ議員が地方議会に出られないというのは、選んだ住民の意思に反します**。そこで、**出席停止が妥当かどうかを裁判所が審査する**のです。

一方、党員に対する**共産党の処分については、それが除名処分であっても司法審査をしない**のが原則です。

共産党という政治組織について、裁判所が審査するのを控えているのです。

ただ、「A君を除名する。党の所有建物から出ていくように」といった民法上の権利行使がされた場合は話が別です。

民法上の権利行使が訴訟でされている場合は、裁判所も司法審査をします。

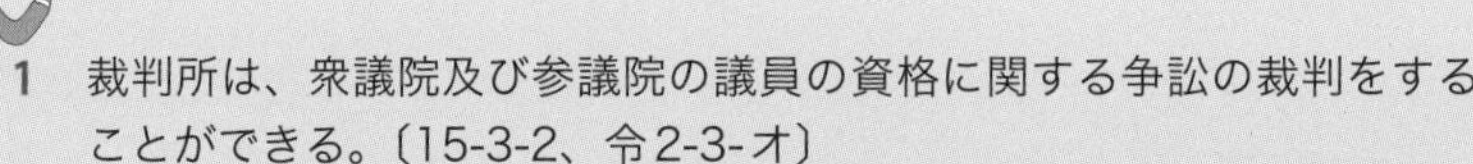

1	裁判所は、衆議院及び参議院の議員の資格に関する争訟の裁判をすることができる。〔15-3-2、令2-3-オ〕	×
2	衆議院の解散は、極めて政治性の高い国家統治の基本に関する行為であるから、それが無効であるかについては裁判所の審査権の外にあり、その判断は主権者たる国民に対して政治的責任を負うところの政府、国会等の政治部門の判断に任され、最終的には国民の政治判断にゆだねられているとの記述は、司法審査の及ばない理由として「法律上の争訟」の要件を欠くことを理由とする。〔19-2-ウ（26-3-オ）〕	×
3	地方議会の議員に対する出席停止の懲罰や除名処分については、裁判所の審査権は及ばない。〔オリジナル〕	×
4	政党は、議会制民主主義を支える上において極めて重要な存在であるから、その組織内の自律的な運営として党員に対してした処分は、それが一般市民法秩序と直接の関係を有しない内部的な問題にとどまるものであっても、司法審査の対象となる。〔26-3-エ〕	×
5	政党は、高度の自主性と自律性を与えられ自主的に組織運営をなし得る自由を保障されなければならないので、政党の党員処分が一般市民としての権利利益を侵害する場合であっても、裁判所の審査権は一切及ばないとした。〔オリジナル〕	×
6	大学は、その設置目的を達成するために必要な事項を規定し、実施する自律的・包括的な権能を有していることから、大学による単位授与の認定に係る係争は、一般市民法秩序と直接の関係を有すると認められる特段の事情のない限り、司法審査の対象とならない。〔28-3-ア改題（19-2-イ）〕	○
7	教授：違憲審査の対象とならないものには、どのようなものがありますか。 学生：例えば、両議院の自律権に属する行為は違憲審査の対象となるものの、国の統治の基本に関する高度に政治性のある国家行為は違憲審査の対象とはなりません。〔25-3-ウ〕	×
8	政党が党員に対してした除名処分は、当該政党の自治的措置に委ねられるものであるから、その有効性について裁判所が審理判断することは許されない。〔令2-3-ア〕	×

×肢のヒトコト解説

1 国会で裁判すると決めている内容なので、裁判所は手出しできません。

2 「統治行為論」が理由に当たります。

3 裁判の対象になります。

4 一般市民法秩序と直接の関係を有しない内部的な問題にとどまっている場合は司法審査ができません。

5 一般市民としての権利利益を侵害する場合なので、司法審査ができます。

7 自律権に属する行為は違憲審査の対象となりません。

8 処分が一般市民としての権利利益を侵害する場合には、司法判断をすることが可能です。

第2節 司法府の独立

裁判所は、時の政治から圧力を受けることが多く、その結果、不当な裁判をすることが多くありました。

そこで、**裁判所は、他から干渉を受けてはならない**という考え方を生み出したのです（独立というのは、「影響を受けない」と読み替えるといいでしょう）。

76条
3 すべて裁判官は、その良心に従ひ独立してその職権を行ひ、この憲法及び法律にのみ拘束される。

裁判官が拘束されるのは、憲法や法律だけです。他の政治的組織だけでなく、他の裁判官から説得を受けるということも許されません。

罷免の原則的禁止

例外

① 弾劾裁判所が行う弾劾裁判（78前段・64）

② 裁判所が行う分限裁判（78前段）

③ 最高裁判所裁判官の国民審査（79 Ⅱ）

裁判官が独立するには、裁判官の身分の保障が必要です。そこで、クビにできる場合を限定しました。

どんなときにクビにできるのか、3つあります。

①弾劾裁判所が行う弾劾裁判（78前段・64）

人間的に問題がある裁判官をクビにする制度です。

弾劾とは、「罪状を調べ、あかるみに出すこと」を指します。公の場で弾劾することは、国民の意思に基づいて行うべきという考えから、国民の代表機関である国会を構成する両議院の議員で弾劾裁判所を組織して、そこでクビにすることにしています。

②裁判所が行う分限裁判（78前段）

裁判官に心身の故障があった場合、裁判所で「もうやめたほうがいい」とクビにする制度です。

③最高裁判所裁判官の国民審査（79 Ⅱ）

最高裁の裁判官だけですが、国民審査という形でクビにする制度が設けられています。

裁判官をクビにできるのは、この3つしかないことを意識しておいてください。

行政機関による懲戒処分の禁止（78後段）
立法機関による懲戒も禁止されると解されている。

裁判官の懲戒処分は、裁判所しかできません。他の機関から懲戒させずに、自

分たちの中でやるとしています。

他には干渉されないように、**懲戒処分権者を裁判所だけにしている**のです。

報酬の保障・減額禁止（79Ⅵ・80Ⅱ）

裁判官が買収されないように、報酬を与えるとし、時の政府から不当な圧力を受けないように、減額もできないところまで保障しています。

問題を解いて確認しよう

1	最高裁判所又は下級裁判所の裁判官は、分限裁判により、心身の故障のために職務を執ることができないと決定された場合に罷免される。〔オリジナル〕	○
2	下級裁判所の裁判官は、行政機関による懲戒処分を受けず、また、弾劾裁判所が行う裁判によらない限り、罷免されることはない。〔16-1-5〕	×
3	最高裁判所の裁判官は心身の故障のために職務を執ることができない場合および公の弾劾による場合以外で罷免されることはない。〔オリジナル〕	×
4	国会は、罷免の訴追を受けた裁判官を裁判するため、両議院の議員で組織する弾劾裁判所を設ける。〔令4-3-エ〕	○

×肢のヒトコト解説

2 分限裁判でもクビになります。

3 国民審査でもクビになります。

第3節 裁判所の組織と権能

明治憲法	行政事件の裁判権は司法権の範囲外 →通常裁判所は民事事件、刑事事件を担当するのみで、通常裁判所とは別個の行政裁判所が担当
日本国憲法	民事事件・刑事事件のみならず行政事件の裁判権も司法権に属する。

昔は行政事件については、裁判所は裁判できませんでした。行政のことは行政に裁判させていたのです。

今は裁判所の信頼度が増し、**すべての事件を裁判所にやらせる**ようにしています。

特別裁判所	
意義	最高裁判所を頂点として構成される通常裁判所の系列の外に独立して設置される裁判所のことである。
具体例	軍法会議、皇室裁判所、弾劾裁判所
注意点	弾劾裁判所は、特別裁判所の禁止の例外として憲法がその設置を認めている(64)。

裁判というのは、基本

最高裁判所　ー　高等裁判所　ー　地方裁判所　簡易裁判所　家庭裁判所

この系列で行いなさいとされていて、**この系列から外れたところで裁判をすることを禁じています**。例えば、昔あった軍法会議などは、今は認められません。

この系列以外で裁判をすることを特別裁判所と呼んで、現行憲法では原則として禁止しています。

ちなみに、弾劾裁判所は、国会で裁判を行っているので特別裁判所に分類されますが、憲法の条文で「国会で裁判していい」と規定しているので、許されます(**特別裁判所にあたるけど、許されている**ということです)。

覚えましょう

	指名	任命	認証
最高裁判所長官	内閣（6 Ⅱ）	天皇（6 Ⅱ）	
最高裁判所判事		内閣（79 Ⅰ）	天皇（7⑤、裁39 Ⅲ）
下級裁判所裁判官	最高裁判所（80 Ⅰ）	内閣（80 Ⅰ）	天皇（高裁長官のみ）（7⑤、裁40 Ⅱ）

裁判官をどこで選ぶか、をまとめている図表です。

例えば最高裁の長官は内閣が指名をして、具体的な任命行為は天皇が行います。ただ、内閣の指名に、天皇は従うことになります。つまり、**事実上、内閣が決めている**のです。

また、最高裁の裁判官一人ひとりは、**内閣が事実上決めています**。

つまり、最高裁の人事は、最高裁自身が決めていません。

ただし、**下級裁判所については、最高裁が人事権を持っています**。

79条

2　最高裁判所の裁判官の任命は、その任命後初めて行はれる衆議院議員総選挙の際国民の審査に付し、その後10年を経過した後初めて行はれる衆議院議員総選挙の際更に審査に付し、その後も同様とする。

3　前項の場合において、投票者の多数が裁判官の罷免を可とするときは、その裁判官は、罷免される。

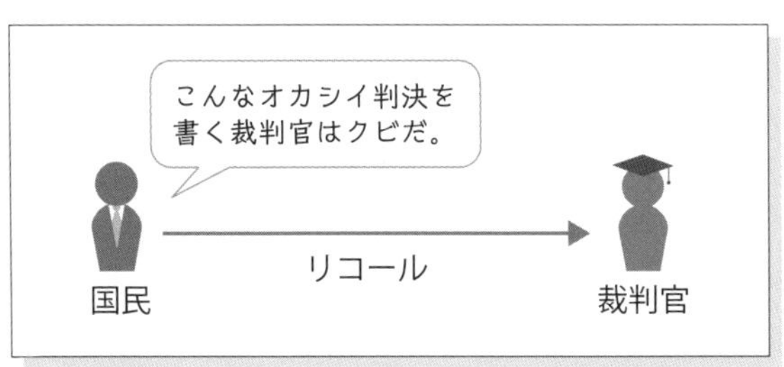

最高裁判所裁判官には任期がありません。その代わり国民が罷免（クビにする）というリコール制度が設けられています。これが国民審査です。

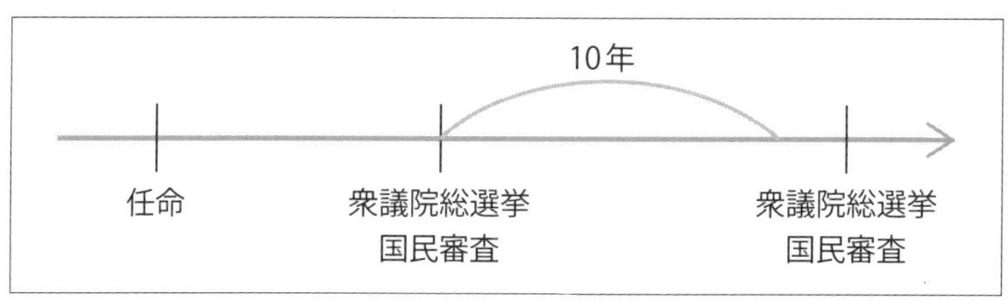

衆議院総選挙があると、「最高裁の裁判官は問題がないか」という審査が入ります。そこまでにその人がやっていた裁判を見て、国民は投票するのです。

そして、**この後10年間は衆議院選挙があっても、国民審査を受けません**。その10年後に衆議院選挙があると、また国民審査を受けます。

ちなみに、選挙があれば必ず国民審査が行われるのではなく、**衆議院選挙の時だけ国民審査が行われる**点に注意をしてください。

問題を解いて確認しよう

1	司法権とは、民事および刑事の裁判権のことをいい、行政事件の裁判は本来の意味での司法権には含まれない。〔オリジナル〕	×
2	憲法は特別裁判所の設置を禁止するが、その憲法上の例外として弾劾裁判所の設置が認められている。〔オリジナル〕	○
3	全て司法権は最高裁判所及び法律の定めるところにより設置する下級裁判所に属するところ、家庭裁判所は、一般的に司法権を行う通常裁判所の系列に属する下級裁判所であり、憲法が設置を禁止する特別裁判所には当たらないとするのが判例である。〔オリジナル〕	○
4	最高裁判所の裁判官のうち、長たる裁判官については内閣の指名に基づき天皇が任命し、その他の裁判官については長たる裁判官が任命する。〔オリジナル〕	×
5	憲法上、内閣は、下級裁判所の裁判官を任命するものとされている。〔オリジナル〕	○

6	最高裁判所の裁判官は、その在任中、衆議院議員総選挙が行われるたびに国民の審査に付され、投票者の多数がその裁判官の罷免を可とするときは、その裁判官は、罷免される。〔16-1-4〕	×

×肢のヒトコト解説

1 行政事件も裁判所で裁判します。

4 その他の裁判官は、内閣が任命します。

6 一度、国民審査を受ければ、その後10年間は受けません。

第4節 裁判の公開

82条

1 裁判の対審及び判決は、公開法廷でこれを行ふ。

2 裁判所が、裁判官の全員一致で、公の秩序又は善良の風俗を害する虞があると決した場合には、対審は、公開しないでこれを行ふことができる。但し、政治犯罪、出版に関する犯罪又はこの憲法第三章で保障する国民の権利が問題となつてゐる事件の対審は、常にこれを公開しなければならない。

裁判していることを報道できたり、裁判の内容を傍聴できたりします。裁判官が、当事者のどちらかに肩入れをしていないかを見張るために、裁判は公開することにしています。

公開しなければならないのは、対審（審理の過程です）と判決（結論部分）です。

ただ、この対審の部分は、公開すると問題がある場合、裁判官の**全員一致によって非公開にできます**。ただ、**人権問題などは絶対に公開する**必要があります。

以上の部分を、下の表にまとめました。

	対審	判決
原則	公開	公開
例外	非公開　(注)	
	①裁判官の全員一致で かつ ②公序良俗に反すると決した場合	

(注) ただし政治・出版犯罪、人権問題の対審は絶対公開 (82)

条文を細かく見てください。2項には対審の話が載っているのですが、判決は1項にしか規定がありません。

つまり、**判決については絶対公開**です。**肩入れしていないかどうかをチェックのため、判決という結論部分は必ず公開しなければいけません**。

このような公開制度ですが、裁判所で行われているすべての事件には要求されていません。

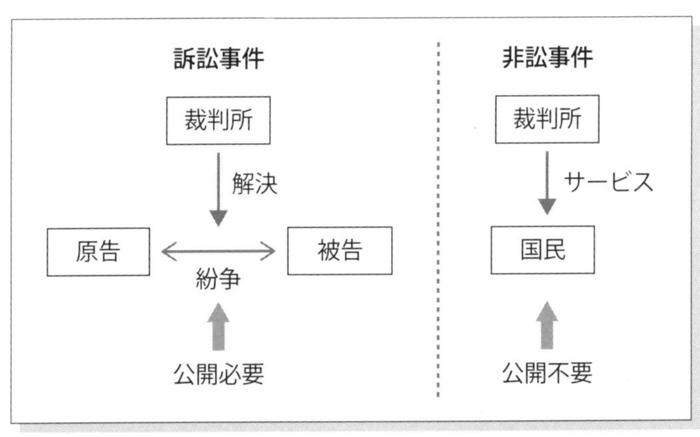

裁判所には、誰かと誰かの争いになっているのでジャッジするという仕事（正確には権利義務があるかないかを判断すること）と、「管理人を選ぶ」などの公的なサービスの仕事があります。

ジャッジする仕事については、肩入れしているかを監視するために公開が必要です。一方、**公的サービスのお仕事は、公開することは不要**です（こういったものは、**プライバシーの要素が強いため、非公開にすべき**なのです）。

◆公開を要しない裁判（一例）◆

①	夫婦の同居その他の夫婦間の協力扶助に関する処分（最大決昭40.6.30）
②	家事審判法（家事事件手続法）に基づく遺産分割審判（最大決昭41.3.2）
③	訴訟手続の核心ではない公判の準備手続（最大判昭23.11.8）
④	再審を開始するか否かを決定する手続（最大決昭42.7.5）

上記は公開を要しない裁判の代表例です。

家族関係の訴訟（①②）、審理に入るかどうかの裁判（③④）については、公開を要しない傾向があります。

問題を解いて確認しよう

1	裁判所は、裁判官の全員一致で、判決を公開法廷で行わない場合がある。〔15-3-3〕	×
2	政治犯罪、出版に関する犯罪又は憲法第３章で保障する国民の権利が問題となっている事件の対審及び判決は、常に公開しなければならない。〔20-2-ア〕	○
3	公の秩序または善良の風俗を害するおそれのある事件の対審は公開法廷で行われなくとも憲法には違反しない。〔オリジナル〕	○
4	憲法第32条でいう「裁判」とは、公開・対審の訴訟手続による裁判を指し、当事者間の権利義務に関する紛争を前提としない非訟事件についても、公開・対審の手続が必要である。〔オリジナル〕	×
5	裁判所は、政治犯罪、出版に関する犯罪又は憲法第３章で保障する国民の権利が問題となっている事件を除いて、裁判官の過半数をもって、公の秩序又は善良の風俗を害するおそれがあると決した場合には、非公開で対審を行うことができる。〔28-3-オ〕	×

6	家事事件手続法に基づく夫婦同居の審判は、夫婦同居の義務等の実体的権利義務自体を確定する趣旨のものではなく、これら実体的権利義務の存することを前提として、同居の時期、場所、態様等について具体的内容を定め、また必要に応じてこれに基づき給付を命ずる処分であると解されるから、公開法廷で行わなくても憲法に違反しない。〔20-2-エ〕	○
7	再審を開始するか否かを定める刑事訴訟法の手続は、刑罰権の存否及び範囲を定める手続ではないから、公開の法廷における対審の手続によることを要しない。〔28-3-エ〕	○

×肢のヒトコト解説

1　判決部分は絶対に公開にする必要があります。

4　非訟は、公開にしなくても構いません。

5　非公開にするには、裁判官の全員一致が必要です。

第5節　違憲審査制

81条
最高裁判所は、一切の法律、命令、規則又は処分が憲法に適合するかしないかを決定する権限を有する終審裁判所である。

裁判所は、人権保障の最後の砦として期待され、もし**人権侵害になるようなルールや国の行為があれば、裁判所が無効にしていきます**。これを規定しているのが81条です。

この違憲審査、どんな制度なのでしょう。

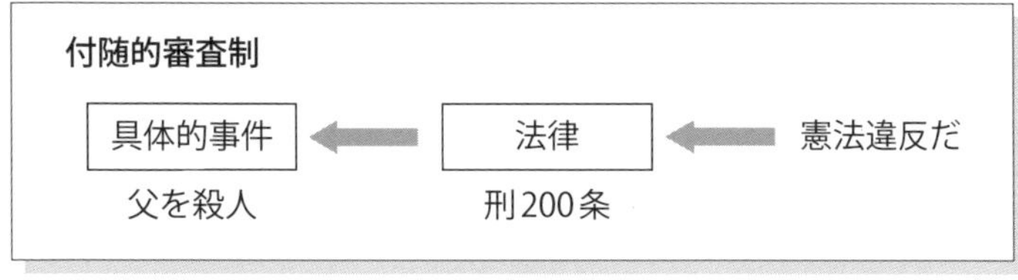

何かの事件がありました。そこに法律を当てはめようとした際に、裁判官が、「この法律はおかしいよ。違憲だ」といって、**事件解決をするときに付随して憲法判断をする**制度があります。これが付随的審査制です。

ただ、いかにひどいルールでも事件にならなければ、憲法判断ができないという欠点があります。

具体的事件がなくても、おかしな法律があればそれを指摘して、「この法律違憲だ」と訴訟を起こす、こういう制度を抽象的審査制と言います。

事件がなくても憲法判断ができるというメリットがありますが、法律ができるたびに、違憲を求める訴訟を起こされかねないというデメリットがあります。

日本は、付随的審査制を採用しています。

事件がない限りは、憲法判断を求めるために訴訟することはできません（前に説明した警察予備隊事件を確認してください。**法律自体がおかしいと訴えても、法律上の争訟には当たりません**でした）。

◆ 違憲審査制の主体と対象 ◆

主体	最高裁判所・下級裁判所
対象	法律・命令・規則
	処分：公権力による個別・具体的な法規範の定立行為 行政機関の行為に限らず、立法機関・司法機関の行為も含む。 裁判所の判決も含まれる（判例、通説）。

違憲だと判断できる裁判所は最高裁だけでなく、高等裁判所や地方裁判所も可能です。事件解決に付随して憲法判断をするため、**下級審が事件解決をする際にも、憲法判断することが可能**です。

先ほどの81条の文言を見てください。これは、「最高裁判所は、…**終審**裁判所」と規定しています。**「最後は」最高裁が見てあげるよと言っているだけで、その前を最高裁以外がやっても構いません。**

では、どんなことについて違憲判断ができるのでしょう（先ほどの図表の中の「対象」を説明します）。

ルールに対して違憲判断ができますが、そのルールには、**国会が作る法律、行政が作る命令、また、衆議院規則、参議院規則**などがあります。

ルールは問題がないけど、そのルールを適用している場面に問題がある場合、その**使い方が違憲という判断もできます**（これが「処分」という部分です）。判決という国の行為についても、違憲判断ができます。

また、法律が間違っているのに改正をしない**（立法不作為といいます）状況も、処分として違憲の判断を受ける**ことがあります。

では、違憲判断が出たら、法律はどうなってしまうのでしょう。ここには、2つほど考え方があります。

◆ 違憲判決の効力 ◆

	内容	理由
一般的効力説	違憲と判断した法律の条項が、確定的・一般的に無効となる。	98条1項の文言「その効力を有しない」との整合性
個別的効力説 （通説）	違憲と判断された法律の条項の効力が当該訴訟事件についてのみ否定される。	一般的に法律の効力を失わせることは、消極的立法作用を意味し、国会を唯一の立法機関とする41条に反する。

一般的効力説というのは、「**違憲と判断されたら、その時点で六法から外れる**」という考え方です。これは、98条の条文の文言に合っています。

他に「**違憲と判断された場合、その事件では、その法律は使わない。ただ、六法からは外れない**」という立場もあります（**個別的効力説**）。そして、**こちらが通説**です。

立法は国会しかできません（立法には、法律を作る、変える、そして、廃止することも該当します）。

法律を廃止できるのは国会だけなので、裁判所が違憲だと言っても、六法からは外れないと考えるべきでしょう。

問題を解いて確認しよう

1	法律の憲法適合性を審査する権限は、最高裁判所だけでなく、下級裁判所も有する。〔15-3-5〕	○
2	判決も「処分」の一種として、違憲審査の対象となる。〔25-3-イ改題〕	○
3	立法不作為については、国会には広範な立法裁量が認められることから、違憲であるとの判断をされることはない。〔31-2-オ〕	×
4	個別的効力説は、違憲審査権が具体的事件の裁判に付随してその解決に必要な範囲においてのみ行使されることを根拠とする。〔19-3-ウ改題〕	○
5	一般的効力説は、裁判所による一種の消極的立法を認めることになり、憲法第41条が国会は国の唯一の立法機関であると規定することに反するという批判がある。〔19-3-エ改題〕	○

×肢のヒトコト解説

3　立法不作為も違憲の判断を受ける場合があります。

2周目はここまで押さえよう

◆ 違憲判断の方法 ◆

適用違憲	当該法令の規定自体を違憲とはせず、当該事件におけるその具体的な適用だけを違憲とする判断方法
法令違憲	法令の規定そのものを違憲とする判断方法 ①　尊属殺重罰規定違憲判決（最大判昭48.4.4） ②　薬事法距離制限規定違憲判決（最大判昭50.4.30） ③　衆議院議員定数配分規定違憲判決（最大判昭51.4.14・最大判昭60.7.17） ④　森林法分割制限規定違憲判決（最大判昭62.4.22） ⑤　郵便法免責規定違憲判決（最大判平14.9.11） ⑥　在外邦人選挙権制限規定違憲判決（最大判平17.9.14） ⑦　国籍法３条１項違憲判決（最大判平20.6.4） ⑧　非嫡出子相続分違憲判決（最大判平25.9.4） ⑨　再婚禁止期間違憲判決（最判平27.12.16） ⑩　在外邦人の国民審査権制限規定違憲判決（最大令4.5.25） ⑪　性別変更要件の生殖機能喪失規定違憲判決（最判令5.10.25）

先述のとおり、違憲判決には「ルールがおかしかった」（法令違憲）と「使い方がおかしかった」（適用違憲）があります。

法令違憲は重要、かつ、判例数が少ないので、ざっくりでも内容を分かっておきましょう。ここまでで説明をしていないものの要旨を下記に記載します。

⑤　郵便法免責規定違憲判決（最大判平14.9.11）

書留郵便物について、郵便業務従事者の故意又は重大な過失によって損害が生じた場合に国の損害賠償責任を免除し、又は制限している部分は、憲法17条（国及び地方公共団体の国家賠償責任）に違反する。

⑩　在外邦人の国民審査権制限規定違憲判決（最大令4.5.25）

在外日本人に最高裁判所裁判官の国民審査権を認めていない国民審査法は、憲法15条1項（公務員選定罷免権）、79条2項、3項（国民審査）に違反する。

⑪　性別変更要件の生殖機能喪失規定違憲判決（最判令5.10.25）

性同一性障害者が戸籍上の性別の変更をする際、生殖機能を永続的に欠く状態でなければならないことを要件（生殖不能要件）とする性同一性障害者特例法の規定は、憲法13条（個人の尊厳・幸福追求権）に違反する。

第4章 財政・地方自治

令和7年本試験は
ここが狙われる！

近年出題が多くなっている部分です。
特に地方自治については、過去問の繰り返し＋拡張が多いところですので、本書通読後、できるだけ早く過去問に取り組むようにしてください。

第1節 財政

83条
国の財政を処理する権限は、国会の議決に基いて、これを行使しなければならない。

財政というのは、国がお金の出し入れをする行為です。ここからは、国がお金を入手して、それを管理して、それを使う場面を見ていきます。

このお金はほとんどが税金です。税金は、国民から取っています。

では、国民から取ったお金を誰に使わせるのが妥当でしょうか。役人でしょうか、それとも、国民の代表者でしょうか。

元が国民のお金なのですから、国民の代表にコントロールさせる方が妥当です。そのため、「**財政は、国会のコントロールのもとで行うべきだ**」という規定を置いたのです。

この条文を基本として、財政のルールが規定されています。

> **85条**
> 国費を支出し、又は国が債務を負担するには、国会の議決に基くことを必要とする。

お金を出すことは、国会のＯＫなしではやらせないよと規定して、**お金を出す際も、国会のコントロール下に置かれている**ことを述べています。

> **84条**
> あらたに租税を課し、又は現行の租税を変更するには、法律又は法律の定める条件によることを必要とする。

国にお金を入れる、つまり税金を取る場面ですが、ここでも「税金を取る」というルールが必要です。

そしてそれは、国会で作ったルール、法律を要求しています。**私たちの代表者が作ったルールがなければ、私たちから税金は取れない**と規律しているのです。

これを租税法律主義と呼びます。

Point

法律で決めるべきこと

① 納税義務者、課税物件、課税標準、税率等課税要件を法定

② 租税の賦課・徴収手続を法定

「何をやったら税が取られる」（上記①）だけではなく、「どういう手続のもとで徴収するのか」（上記②）まで規定しないと、法律で定めたことになりません。

◆ 84条の適用範囲 ◆

	例	特徴	84条との関係
形式的意味の租税	いわゆる「○○税」と呼ばれるもの	①無償 ②強制的	84条直接適用
「租税」以外の公課	健康保険料	①有償 ②強制的	強制力が強ければ84条の趣旨が及ぶ余地あり

税金は法律がなければ取れません。そのため、税金であれば、役人が勝手に取ることを決めることはできませんし、役人が勝手に税率を上げるということもできません。

一方、税金でなければ、法律は不要なため、役人が勝手に値段を決められます。例えば、国立美術館の入館料は税金ではないので、法律で値段を決める必要はありません。

では、何をもって、税金と扱うのでしょう。それは、**無償で強制的に取る場合を指します**。

無償というのは見返りがないことを指し、強制的とは無理やり取られることを意味しています。

先ほどの国立美術館の入館料は、見返りがあります。また強制ではありません。

では、国民健康保険料はどうでしょうか。

国民健康保険料は、強制的ですが、保険給付が受けられるという見返りがあります。そのため、**国民健康保険料には84条を直接適用することができません**。

ただ、国民健康保険というのは**強制力がかなり強いため、判例は84条の趣旨が及ぶという表現**を使っています。

問題を解いて確認しよう

1	租税法律主義は、納税義務者、課税物件、課税標準、税率などの課税要件を法律で定めなければならないことを意味し、租税の賦課・徴収の手続を法律で定めることを含まない。〔29-2-オ改題〕	×
2	国民健康保険は強制加入制であり、保険料の徴収は強制的になされることから、国民健康保険法に基づく国民健康保険の保険料に対しては、憲法第84条が直接適用される。〔オリジナル〕	×

ヒトコト解説

1 手続まで法律で決めておく必要があります。

2 直接適用ではなく、判例は「趣旨が及ぶ」という言回しにしています。

予算が成立するまでの流れ

内閣が予算案を作成
↓
内閣総理大臣が､内閣を代表して予算案を国会に提出
↓
国会の議決
↓
予算成立

予算というのは、国のお金の計画表だと考えましょう。収入をいくらにして（税金をどれぐらい徴収して）、支出をどれぐらい（税金をどこにどれぐらい使うのか）にするか、そういう計画のことを予算といいます。

まず、予算案を内閣が作ります。国会議員では予算案は作れず、**すべての行政作用を知っている内閣が案を作ります**。

ただし、財政は国会がコントロールすべきなので、**この案を国会に提出して国会の承認を取る必要があります**。この承認決議をもって、初めて予算が成立します。

国会で議決をとるところで、国会が予算案を修正できるのでしょうか。

ここでは、予算というのはどういうものなのか、予算の性質を押さえる必要があります。予算の性質の捉え方によって、内閣が作った予算案を国会で直すことができるかどうかの結論が違ってきます。次の表を見てください。

◆ 予算の法的性質・国会の予算修正権 ◆

		予算行政説	予算法規範説（通説）	予算法律説
法規範性		否 定	肯 定	肯 定
国会の予算修正権	減額修正	財政国会中心主義の原則により、国会の修正権に制限はない（通説）。		
	増額修正	否 定	肯 定（限界付の説もあり）	肯 定（限界付の説もあり）

まず、**どの立場であっても減額修正は認められます**。

国会は極論、否決ができます。つまり、内閣が作った予算案を全部0円にできます。**0円にできるのであれば、減額することも可能でしょう**。

問題は、内閣が作った案について、「この金額は増やすべきだ」と増やすことができるかという点にあります。考え方が3つあります。

まず予算を行政行為と考える立場があります。

予算は行政行為

→　行政行為は、内閣が行う

→　そのため、**国会は手出しが全くできない**

となります。

一方、予算を法律と考える立場もあります。

予算は法律

→　法律を作ったり変えたりするのは、国会のお仕事

→　だったら、内閣が作った予算を**国会が修正することは、自由にできる**ということになります。

予算行政説の立場に立つと、修正は一切できないし、予算法律説の立場に立つと、際限なく修正ができることになります（ただ、予算法律説の中にも、内閣が作ったものを大修正するところまではできないとする説もあります）。

財政民主主義の考え方（国会がコントロールすべき）からすれば、予算行政説ではなく、予算法律説の方がよさそうです。

ただ、この考え方には致命的な欠陥があります。

Point

予算法規範説の理由（予算法律説への批判）

① 予算については、国会への提出権を内閣に専属せしめていること（73⑤、86）、衆議院の先議権（60Ⅰ）、決議の効力の優越を認めている（60Ⅱ）こと、公布（7①）についての規定が存在しないこと等からすれば、憲法は予算と法律を区別している。

② 予算は、国家機関の財政行為のみを規律し、しかも一会計年度内の具体的行為のみを規律するという点で、国民の行為を一般的に規律する法律と区別される。

予算と法律は、そもそも憲法が条文を分けて規定しています。

予算は、衆議院に先に提出することが要求されています（法律とは異なります）。また、予算と法律では、衆議院と参議院の意見がぶつかった場合の処理が違います。

このように考えると、**予算と法律というのは違う別制度として作っているので、予算＝法律と主張するのは、無理がある**のです。

また、予算というのは、国家行為を縛るもので、1年限りです。一方、法律というのは、国民を縛るもので、永久的です。

こういった点を踏まえると、予算を法律と考えるのはさらに難しくなります。

そこで出てきたのが、予算法規範説というものです（これが通説と思ってください）。

「予算は、国の財政行為の準則として国会の議決を経て定められる法規範であり、法律と並ぶ法的性格を持った国法の一形式である」と考えています（結局は、**法律に近いけど法律そのものではないと言いたい**のでしょう）。

増額請求の結論は、予算法律説と同じです。

問題を解いて確認しよう

1	予算行政説の下では、国会による予算の増額修正および減額修正はともに否定される。〔オリジナル〕	×
2	「予算は提出権が内閣に属し、衆議院に先議権があることを重視すべきである。」とする考え方は、予算法律説よりも予算法規範説に適合する。〔オリジナル〕	○
3	予算法規範説による場合、国会は、予算の議決に際し、原案にあるものを減額修正することはできるが、増額修正することは、内閣の予算提出権を侵すので一切認められない。〔オリジナル〕	×
4	予算は、内閣が作成し、国会に提出するものであって、国会において予算を修正することは、許されない。〔18-2-3〕	×

×肢のヒトコト解説

1 減額修正は認められます。

3 増額修正は認められます。

4 通説の予算法規範説によれば、増減額修正の両方が認められます。

決算

会計年度における、国家の収入支出の実績を示す確定的計数

→　国会に提出し、国会が提出された決算を審議し、それを認めるか否か議決する

→　国会の審査の結果いかんは、内閣の政治的責任を生じさせうるにとどまり、収支の効力に影響を与えない

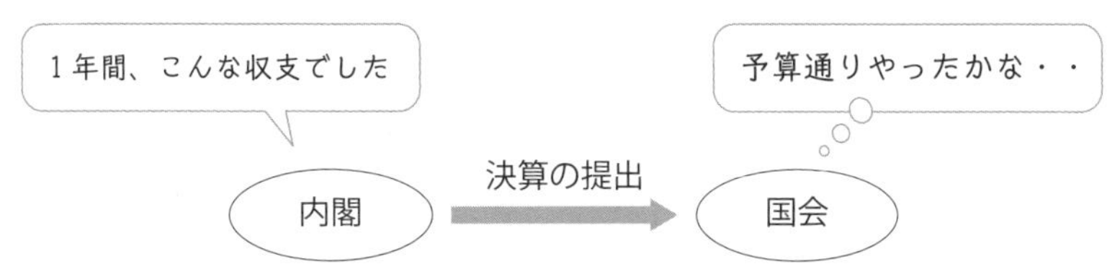

国会で予算を承認して、1年間のお金の出し入れを行います。

この出し入れ行為をした行政を代表して、内閣が1年間の活動レポートみたいなものを作ります（いくら入ってきて、いくらどこに使ったのかをまとめる）。これを決算といいます。

この決算を、国会に提出して、審議することによって、

・現実の収支が、予算に沿ってなされたかどうかを検討し、予算執行者である政府の責任を明らかにする。

・将来の財政計画の樹立や予算の定立に備える。

ことを期待しています。

ただ、審議して決議するといっても、もし否決されたらどうなるのでしょう。

ここで、**「決算は否決します。支出したお金はすべて取り返してきなさい」となったら、大迷惑です**。

そのため、**仮に否決されたとしても、既にされた支出行為の効力に影響しないと考えられています**（それを行った内閣の政治的責任は生じるにとどまります）。

問題を解いて確認しよう

1	国の収入支出の決算は、毎年会計検査院がこれを検査し、内閣は、次の年度に、その検査報告とともに、これを国会に提出しなければならないが、各議院がその決算を承認するかどうかを議決することはできない。〔29-2-ア〕	×
2	決算は、会計検査院が検査して、内閣が国会に提出するものであって、国会における審査の結果は、既にされた支出行為の効力に影響しない。〔18-2-5〕	○

×肢のヒトコト解説

1　議決が必要です。

2周目はここまで押さえよう

「予算には計上していなかったけど、緊急でお金が必要になった」場合のために、憲法は、予備費という財源を作ることを認めています（最近では、感染症対策費や物価高に対応するために使われています）。

予備費を予算の中に設ける	予備費を設けるには、国会の議決が必要（87 Ⅰ）
↓	
予備費の支出	内閣は自己の責任で自由に支出することができる。 ※事前の国会の承認は不要。（注1）
↓	
事後承諾（87 Ⅱ）	内閣は、国会の事後承諾を得なくてはならない。（注2）

（注1）内閣は自己の責任で自由にこれを支出することができる。
（注2）国会の事後承諾が得られない場合においても、すでになされた支出の法的効果に影響はなく、内閣の政治的責任の問題が生ずるに留まる。

まず、「予備費は１０００万とする」という感じで、予備費の金額を予算に計上する必要があります（国のお金を使うため、財政民主主義から、国会の承諾が必要になります）。

その後、緊急事態で予備費を使う必要が生じた場合、内閣の責任で支出することができます。支出する「前に」、国会の承諾をもらう必要はありません。

ただ、使ったあとには、財源を許可した国会の承諾を得る必要があります（事後承諾が必要ということです）。

ちなみに、「支出する→事後承諾が得られない」という事態になったとしても、支出行為が無効になりません（無効になったら、多くの人に迷惑がかかるでしょう）。

1	内閣は、予見し難い予算の不足に充てるため、国会の議決に基づかずに予備費を設けることができるが、その支出については、事後に国会の承諾を得なければならない。〔29-2-イ〕	×
2	予見し難い予算の不足に充てるため、国会の議決に基づき予備費を設けた後、当該予備費を支出するには、内閣は、支出前及び支出後にそれぞれ国会の承諾を得なければならない。〔オリジナル、令5-3-ウ改題〕	×

第2節 地方自治

92条
地方公共団体の組織及び運営に関する事項は、地方自治の本旨に基いて、法律でこれを定める。

この条文の地方自治の本旨というのは、住民自治と団体自治というのを指すと言われています。次ページの図を見てください（図の中の地方公共団体というのは、県や市のことを指していると思ってください）。

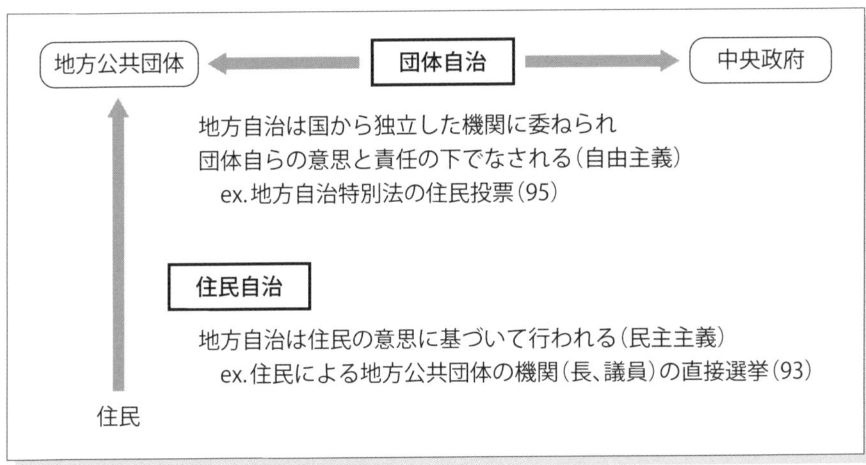

住民自治というのは、**自分たちの市（県）のことは、自分たち住民で決めよう**という考え方です。

具体的な表れが選挙です。市・県については、市議会議員だけでなく、市長・都知事、トップまで住民が選べます。

次に、**団体自治という趣旨ですが、自由主義という言葉で押さえましょう**。自由というのは、「ほっといてくれ」「干渉しないでくれ」「規制をかけないでくれ」ということでした。

地方が、中央政府に対して自由を主張するのです。

以前、地方狙い撃ちの法律を作るには、その地方のＯＫが必要だということを説明しました。これは、中央政府が地方いじめのような法律を作っても、地方の方で拒否できるルールで、まさに「規制をかけないでくれ」といった団体自治の表れになっています。

> **93条**
> 1　地方公共団体には、法律の定めるところにより、その議事機関として議会を設置する。
> 2　地方公共団体の長、その議会の議員及び法律の定めるその他の吏員は、その地方公共団体の住民が、直接これを選挙する。

Point

地方公共団体

具体的には都道府県と市町村を指す（二段階制）

特別区は憲法93条2項の地方公共団体には当たらない

（最大判昭38.3.27）

ここでいう地方公共団体とは、都道府県と市町村を指します。

そのため、例えば埼玉県の越谷市に住んでいる方は、越谷市という地方公共団体と、埼玉県という地方公共団体に入っています。

こういうのを二段階制と言います。

二段階制、住民は2つのブロックで守られていると考えましょう。

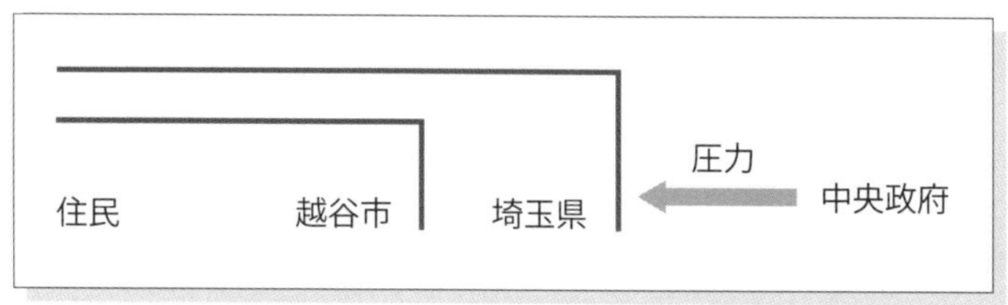

中央政府というのは、力が強く、個人一人ひとりはそこに立ち向かうことはできません。

そこで、中央政府の圧力が直接来ないように、越谷市という壁、もう1つ、埼玉県という壁の2つの壁を作って守るのです。

そして、いわゆる**特別区東京23区は、この地方公共団体には該当しません。**
そのため、東京の渋谷区に住んでいる方は、東京都というブロックだけで守られていることになります。

Point

憲法上の地方公共団体

① 事実上住民が経済的文化的に密接な共同生活を営み、共同体意識を持っているという社会的基盤が存在する。

② 沿革的にも、現実の行政上においても、相当程度の自主立法権、自主行政権、自主財政権等地方自治の基本的権能を附与された地域団体であること。

地方公共団体といえるには、単に法律で地方公共団体として取り扱われているだけでは足りず、地方公共団体としての実質が必要であるとするのが判例の立場です。その実質の要素が上記の①②です。

特に①の**「共同体意識を持っているという社会的基盤」という言葉を覚えておきましょう**。

判例は、特別区には上記の共同体意識がないと判断し、地方公共団体ではないと扱いました。

問題を解いて確認しよう

1	地方公共団体の長、議会の議員は、その地方公共団体の住民が直接これを選挙するとしており、地方公共団体自らの意思と責任の下でなされるという団体自治の原則を具体化したものである。〔オリジナル〕	×
2	「地方自治の本旨」とは住民自治を指し、団体自治までも包含するものではない。〔オリジナル〕	×
3	地方自治の本旨における住民自治の原則とは、地方自治が国から独立した団体に委ねられ、団体自らの意思と責任の下でなされることをいう。〔オリジナル〕	×
4	憲法第93条第2項は、地方公共団体の長などについて、その地方公共団体の住民が直接選挙する旨規定しているが、東京都の特別区は、憲法第93条第2項にいう「地方公共団体」に当たる。〔オリジナル〕	×

5	憲法上の地方公共団体といい得るには、事実上住民が経済的文化的に密接な共同生活を営み、共同体意識をもっているという社会的基盤が存在し、沿革的にみても、また現実の行政の上においても、地方自治の基本的権能を付与された地域団体であることを要するが、東京都の特別区は、そのような実体を備えていないので、憲法上の地方公共団体に当たらない。〔27-3-⑤改題〕	○

×肢のヒトコト解説

1 住民自治を具体化したものです。

2 団体自治まで包含しています。

3 本肢は団体自治の内容です。

4 東京都の特別区は、憲法上の地方公共団体には当たりません。

94条
　地方公共団体は、その財産を管理し、事務を処理し、及び行政を執行する権能を有し、法律の範囲内で条例を制定することができる。

　地方公共団体ができることの1つに、条例の制定があります。自分たちのルールは自分たちで作れるということです。

　ただこの条文ですが、法律の範囲内という縛りがついています。つまり、法律と矛盾するような条例は作れないのです。

Point

条例が国の法令に違反するかどうかは、両者の対象事項と規定文言を対比するのみでなく、それぞれの趣旨、目的、内容及び効果を比較し、両者の間に矛盾があるかどうかによって決する（徳島市公安条例事件／最大判昭50.9.10）。

　この矛盾するかどうかについては、「今ある法律と条例の**言葉だけを比べて判断するのではなく、内容まで踏み込んで判断しなさい**」それが、判例の立場です。そのため、条例が許されるかどうかは、条例と法律の内容まで見比べることが必要になります。

ここは、いくつか場合分けをして考える必要があります。次の図を見てください。

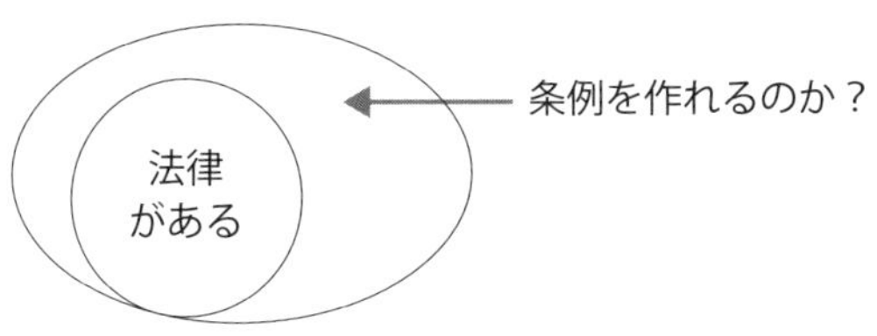

法律によっても規律できない放置すべき事項	条例を制定できない
法律によっても規律できるが、全国一律に規律する必要のない事項	条例を制定できる

法律がない分野であれば、条例を作っていいのでしょうか。これは一律○×では処理できません。

例えば、「浮気は犯罪にする」という法律はありません。これは、**「法律ではルール化せず放置したい」という意図があるためです**。こういった意図があるにも拘わらず、条例でその行為を罰することはできません。

一方、そういった要素がなく**「法律で規定できるけど、全国一律にする必要がなかったから規定しなかった」内容については条例を作れます**。

例えば、路上喫煙を規制する条例などがこれに該当します。

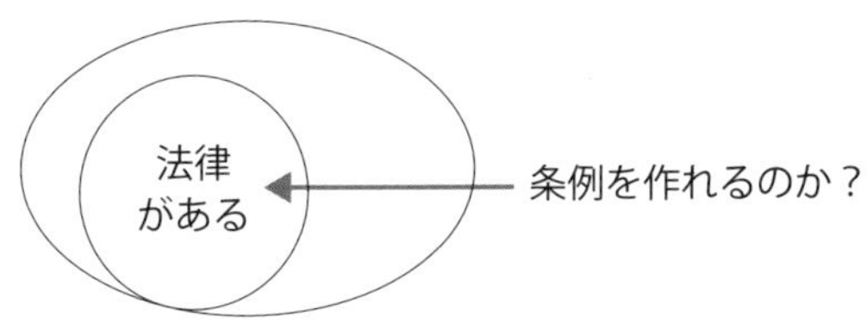

法律の目的と条例の目的が異なる場合	法律の目的を害さないならば、条例を制定できる

法律の目的と条例の目的が同じ場合	法律が全国一律に同一内容の規制を施す趣旨である場合	制定できない
	地方の実情に応じて別段の規制を施すことを容認する趣旨	条例でより厳しい規制ができる

法律がすでにある分野に条例を作れるのでしょうか。これも一律○×とは言えません。

例えば、犬に関するルールについて
狂犬病を防止するためのルールを法律が作っていた場合でも、
条例で犬による迷惑を防止するためのルールを作ることはできます。
つまり、**法律の目的と条例の目的が異なる場合であれば条例を制定できる**のです。

では、法律の目的と条例の目的が同じ場合には、条例が制定できないのでしょうか。ここも、場合分けが必要です。

例えば、あるガスを10pp以上排出してはいけないという法律があるのに、
「うちの地域は高齢者が多いから7pp以上排出してはいけない」と厳しい規制を設けることができます。

これは、今ある法律が**「地方の実情に応じて別段の規制を施すことを容認する趣旨」なので、条例で別の規制を設けられる**のです。
一方、**今ある法律が「全国一律に同一内容の規制を施す」趣旨で作られている場合は、条例で厳しい基準にすることはできません。**
（結局のところ、今の法律がどういった趣旨で作られているかの精査が必要になるのです。）

問題を解いて確認しよう

（　　　）の中に後記の語句群の中から適切な語句を選択して文章を完成させよ。

【語句群】
①目的
②立法の経緯
③全国的に一律に同一内容の規制を施す趣旨
④条例において法令の細目を定めることを委任する趣旨
⑤地方の実情に応じて別段の規制を施すことを容認する趣旨
⑥いかなる規制をも施すことなく放置すべきものとする趣旨
⑦相当な程度に具体的であり、限定されていれば足りると解される
⑧包括的な委任があれば足りると解される

1	条例が国の法令に違反するかどうかは、両者の対象事項と規定文言を対比するのみではなく、それぞれの趣旨、（　ア　）、内容及び効果を比較し、両者の間に矛盾抵触があるかどうかによってこれを決しなければならない。〔30-3-ア〕	ア→①
2	例えば、ある事項について国の法令中にこれを規律する明文の規定がない場合でも、当該法令全体からみて、当該規定の欠如が特にその事項について（　イ　）であると解されるときは、これについて規律を設ける条例の規定は国の法令に違反することとなり得る。〔30-3-イ〕	イ→⑥
3	逆に、ある事項についてこれを規律する国の法令と条例とが併存する場合でも、後者が前者とは別の（　ア　）に基づく規律を意図するものであり、その適用によって前者の規定の意図する（　ア　）と効果を阻害することがないときや、両者が同一の（　ア　）に出たものであっても、国の法令が必ずしもその規定によって（　ウ　）ではなく、（　エ　）であると解されるときは、国の法令と条例との間には矛盾抵触はなく、条例が国の法令に違反する問題は生じない。〔30-3-ア、ウ、エ〕	ア→① ウ→③ エ→⑤

◆ 条例と法律留保事項 ◆

	条例で可能か
財産権の制限（29 Ⅱ）	法律の委任なしに条例によって財産権を制限することが許される（通説）。
罰則（31）	条例においても、法律により相当程度に具体的な委任があれば刑罰を定めることができる（最大判昭37.5.30）。
租税（84）	法律の委任なしに条例によって直接課税することも可能（通説）。

これは、法律で決めなさいと憲法で条文化しているものを、条例で決めていいのかという図表です。

例えば、財産権を規制するのは法律で行えという規定はありますが、それを地方議会で作るルールである条例で規制することが許されています。

また、租税についても、条例だけで徴収することが可能です。

例外が刑罰です。**刑罰という人権制約が強いもの**については、地方議会が作るルールでは作れず、国会の作る法律が必要としています。

ただ、**法律が「細かいことは、条例で決めていいよ」と委任することによって、条例で作ることも可能**です（地域の実情に合わせて刑罰を決められるのです）。

その委任の方法は、

ここまでのことは許されません。

「相当程度に具体的な委任」という、ある程度の縛りをかけて委任することが要求されているのです。

1	憲法第29条は、財産権の内容は法律で定めると規定しているから、財産権の規制は法律によってのみ可能であり、法律の具体的委任なくして、条例によって財産権を規制することは憲法に違反すると解されている。〔オリジナル〕	×
2	教授：条例による罰則制定の可否及び許されるとした場合の要件につき、判例はどのように判断していますか。 学生：判例は、法律をもって、条例に対し罰則制定を委任することは必ずしも憲法第31条に反しないとし、その場合の委任の程度は、条例が公選の議員で構成される地方公共団体の議会で制定される自主立法であるため、一般的・包括的なもので足りると判断しています。〔オリジナル〕	×

3　憲法第94条は、地方公共団体の権能として条例制定権を規定しているが、条例によって罰則を制定するためには、法律の授権があり、かつ、当該授権が相当程度に具体的であり限定されていれば足りる。　〔オリジナル〕　○

×肢のヒトコト解説

1　刑罰と異なり、法律の委任なく、条例で定めることができます。

2　「なんでもすべて任せる」といった包括的な委任はできません。

これで、憲法の講義は終了です。

ここでは、本書を通読した後の学習方法について、説明します。

〈本書を通読した方の今後の学習法〉

①　本書を、順番通り2回から3回通読していく

↓

②　本書に掲載されている問題のみ解いていく（間違えたものは本文を読む）

↓

③　過去問を解く、必ず答案練習会に参加する

まずは、2回から3回、**本書を順番通り読んでいきましょう**。

その後、「**本書についている問題を解く**」→「**間違えるところについて本書を読む**」ようにしましょう。

知識を確認することができるだけでなく、間違えたところ「だけ」を読むことによって、効率的に弱点を潰すことができるようになります。

ここまでできるようになれば、合格力は相当ついてきます。**あとは、新しい知識に触れるほど知識が増えてきます**。

ただ、この科目は過去問の出題数が少ないため、**過去問学習に頼れません**。そのため、ある程度学習が進んだら、**必ず答案練習会（ＬＥＣ精撰答練）に参加するようにしましょう**。

憲法は３問出題されますが、判例の結論を押さえること、統治の条文を押さえることが２問正解するのに最低限必要です。そのうえで判旨の細かい部分を押さえることによって、３問中３問の得点が狙えるようになります。

ただ、すべての裁判の判旨を押さえるのは相当困難です。

受験指導校の答案練習会に参加することで、**「その年に出題可能性が高い裁判例」を絞り込み**、その部分の判旨のみ、しっかり読み込むようにしましょう。

索引

あ行

旭川学テ事件 38
新しい人権 95
あん摩師等法事件 50
家永訴訟 54
違憲審査制 178
違憲判決の効力 180
違憲判断の方法 182
石井記者事件 44
板まんだら事件 162
一般的効力説 180
営業の自由 58
ＮＨＫ記者事件 44
愛媛玉串料訴訟 35
「エホバの証人」剣道受講拒否事件 29
オウム真理教解散命令事件 31

か行

外国人の人権享有主体性 109
外国へ一時旅行する自由 65
学問の自由 38
加持祈祷事件 29
議員定数不均衡 106
議院内閣制 154
議院の権能（議院の自律権） 145
岐阜県青少年保護育成条例事件 49
君が代伴奏職務命令事件 28
教育を受ける権利 88
教科書検定事件 54
共産党袴田事件 166
教授の自由 39
行政権 15
京都府学連デモ事件 98
居住・移転の自由 65
具体的権利説 84
警察予備隊訴訟 161
決算 191
検閲 53
権力的契機 124
公開を要しない裁判 177
公共の福祉 11
麹町中学内申書事件 26
公衆浴場法の距離制限規定 63
幸福追求権 94
公務員の人権制約 120
小売市場事件 62
国政調査権 147
国籍法３条違憲判決 104
国民審査 174
国務大臣 149
国会単独立法の原則 129, 133
国会中心立法の原則 129, 134
国会の権能 144
国家試験の合否判定 161
個別的効力説 180

さ行

在外日本国民の選挙権 82
在外邦人の国民審査権制限規定違憲判決 183
財産権 67
再入国の自由 110
裁判官の身分の保障 170
猿払事件 120
サンケイ新聞事件 52
参政権 82
自己決定権 96
私人間的効力 117
思想・良心の自由 23
社会権 84
謝罪広告事件 24
衆議院議員定数不均衡 106
衆議院の解散 158
衆議院の優越 136
住民自治 194
取材の自由 43
出国の自由 110
酒類製造の自由 97
消極目的による規制 59
条例の制定 197
昭和女子大事件 118
職業選択の自由 58
女子の再婚禁止期間の合憲性 103
自律権に属する行為 164
知る権利 43
信教の自由 28
人権 8
人身の自由 75
森林法違憲判決 69
砂川事件 165
砂川空知太神社訴訟 36
税関検査事件 54
政教分離原則 32
生存権 84

正当性の契機 124
正当な補償 72
性別変更要件の生殖機能喪失規定違憲判決 183
積極目的による規制 59
絶対的平等 102
前科照会事件 99
選挙運動の自由 50
全農林警職法事件 120
争議権（団体行動権） 90
相対的平等 102
租税法律主義 185
尊属殺重罰規定 104

た行

大学の自治 40
団結権 90
団体交渉権 90
団体自治 194
地方公共団体 195
地方自治の本旨 193
抽象的権利説 84
抽象的審査制 179
津地鎮祭訴訟 35
ＴＢＳ事件 44
適用違憲 182
天皇 127
同時活動の原則 139
東大ポポロ事件 41
統治行為論 165
徳島市公安条例事件 197
特別区 195
独立行政委員会 17
苫米地事件 165
富山大学事件 166

な行

内閣総理大臣 149
内閣総理大臣の権能 150
内閣の権能 150
内閣の総辞職 156
奈良県ため池条例事件 69
成田新法事件 80
二院制 135
日産自動車事件 118
日本テレビ事件 44
入国の自由 110
ノンフィクション「逆転」事件 100

は行

博多駅テレビフィルム提出命令事件 44
反論権 51
非嫡出子に対する相続分差別の合憲性 104
表現の自由 43
付随的審査制 179
不逮捕特権 140
部分社会の法理 166
プライバシー権 97
プログラム規定説 84
帆足計事件 65
法人 114
報道の自由 43
法の下の平等 101
法律上の争訟 160
法令違憲 182
北方ジャーナル事件 55

ま行

マクリーン事件 109, 111
三菱樹脂事件 118
箕面忠魂碑訴訟 36
目的効果基準 34

や行

薬事法事件 61
八幡製鉄政治献金事件 114
郵便法免責規定違憲判決 182
輸血拒否の自由 97
予算 187
予算先議権 136
予算の法的性質 188
よど号ハイジャック記事抹消事件 121

り行

立候補の自由 83
立法不作為 180
両院協議会 136
レペタ事件 46
労働基本権 90

〈執筆者〉

根本 正次（ねもと しょうじ）

2001年司法書士試験合格。2002年から講師として教壇に立ち、20年以上にわたり初学者から上級者まで幅広く受験生を対象とした講義を企画・担当している。講義方針は、「細かい知識よりもイメージ・考え方」を重視すること。熱血的な講義の随所に小噺・寸劇を交えた受講生を楽しませる「楽しい講義」をする講師でもある。過去問の分析・出題予想に長けており、本試験直前期には「出題予想講座」を企画・実施し、数多くの合格者から絶賛されている。

令和７年版 根本正次のリアル実況中継
司法書士 合格ゾーンテキスト
8 憲法

2019年７月５日　第１版　第１刷発行
2024年７月５日　第６版　第１刷発行

執　筆●根本 正次
編著者●株式会社　東京リーガルマインド
LEC総合研究所　司法書士試験部

発行所●株式会社　東京リーガルマインド
〒164-0001　東京都中野区中野4-11-10
アーバンネット中野ビル
LECコールセンター　0570-064-464
受付時間　平日9：30〜20：00/土・祝10：00〜19：00/日10：00〜18：00
※このナビダイヤルは通話料お客様ご負担となります。
書店様専用受注センター　TEL 048-999-7581 / FAX 048-999-7591
受付時間　平日9：00〜17：00/土・日・祝休み
www.lec-jp.com/

本文デザイン●株式会社リリーフ・システムズ
本文イラスト●小牧 良次
印刷・製本●図書印刷株式会社

ISBN978-4-8449-6312-7

根本正次
LEC専任講師

誰にもマネできない記憶に残る講義

司法書士試験は、「正しい努力をすれば」、「必ず」合格ラインに届きます。
そのために必要なのは、「絶対にやりぬく」という意気込みです。
皆さんに用意していただきたいのは、
司法書士試験に一発合格する！という強い気持ち、この1点だけです。
あとは、私が示す正しい努力の方向を邁進するだけで、
合格ラインに届きます。

私の講義ここがPoint!

1 わかりやすいのは当たり前！ 私の講義は「記憶に残る講義」

❶ 知識の1つ1つについて、しっかりとした理由付けをする。
❷ 一度の説明ではなく、時間の許す限り繰り返し説明する。
❸ 寸劇・コントを交えて衝撃を与える。

2 法律を教えるのは当たり前！ 時期に応じた学習計画も伝授

❶ 講義の受講の仕方、復習の仕方、順序を説明する。
❷ すでに学習済みの科目について、復習するタイミング、復習する範囲を指示します。
❸ どの教材を、いつまでに、どのレベルまで仕上げるべきなのかを細かく指導する。

3 徹底した過去問重視の指導

❶ 過去の出題実績の高いところを重点に講義をする。
❷ 復習時に解くべき過去問を指摘する。
❸ 講義内で過去問を解いてもらう。

Nemoto

その裏に隠された緻密な分析力！

私のクラスでは、
❶ 法律を全く知らない人に向けて、「わかりやすく」「面白く」「合格できる」講義と
❷ いつ、どういった学習をするべきなのかのスケジュールと
❸ 数多くの一発合格するためのサポートを用意しています。
とにかく目指すは、司法書士試験一発合格です。一緒に頑張っていきましょう！

合格者の声　根本先生おすすめします！

一発合格

長井 愛さん

根本先生の講義はとにかく楽しいです。丁寧に、分かりやすく説明してくださる上に、全力の寸劇が何度も繰り広げられ、そのおかげで頭に残りやすかったです。また先生作成のノートやレジュメも分かりやすくて大好きです！！

一発合格
最年少合格

大島 駿さん

根本先生の良かった点は、講義内容のわかりやすさはもちろん、記憶に残る講義だということです。正直、合格できた１番の理由は根本先生の存在があったからこそだと思います。

一発合格

大石徳子さん

根本講師は、受験生の気持ちを本当に良く理解していて、すごく愛のある先生だと思います。講座の区切り、区切りで、今受験生が言ってもらいたい言葉を掛けてくれます。

一発合格

望月飛鳥さん

初学者の私でも分かりやすく、楽しく授業を受けられました。講義全体を通して、全力で授業をしてくれるので、こちらも頑張ろうという気持ちになります。

一発合格

H・Tさん

寸劇を交えた講義が楽しくイメージしやすかったです。問題を解いている時も先生の講義を思い出せました。

一発合格

田中佑幸さん

根本先生の『論点のストーリー説明→条文根拠づけ→図表まとめ』の講義構成がわかりやすく記憶に残りやすかったです。

LEC司法書士YouTubeチャンネル　https://www.youtube.com/@LEC-shoshi

著者 根本講師が担当 司法書士講座のご案内

新15ヵ月合格コース

短期合格のノウハウが詰まったカリキュラム

LECが初めて司法書士試験の学習を始める方に自信をもってお勧めする講座が新15ヵ月合格コースです。司法書士受験指導40年以上の積み重ねたノウハウと、試験傾向の徹底的な分析により、これだけ受講すれば合格できるカリキュラムとなっております。司法書士試験対策は、毎年一発・短期合格を輩出してきたLECにお任せください。

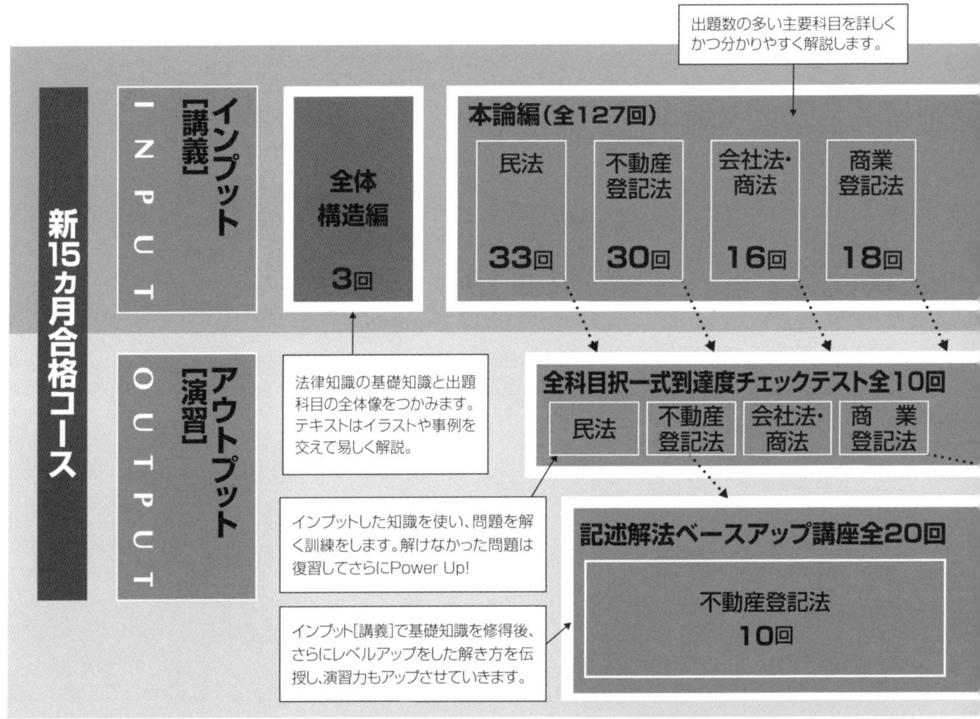

インプットとアウトプットのリンクにより短期合格を可能に！

合格に必要な力は、適切な情報収集（インプット）→知識定着（復習）→実践による知識の確立（アウトプット）という３つの段階を経て身に付くものです。新15ヵ月合格コースではインプット講座に対応したアウトプットを提供し、これにより短期合格が確実なものとなります。

通学／通信

初学者向け総合講座

本コースは全くの初学者からスタートし、司法書士試験に合格することを狙いとしています。入門から合格レベルまで、必要な情報を詳しくかつ法律の勉強が初めての方にもわかりやすく解説します。

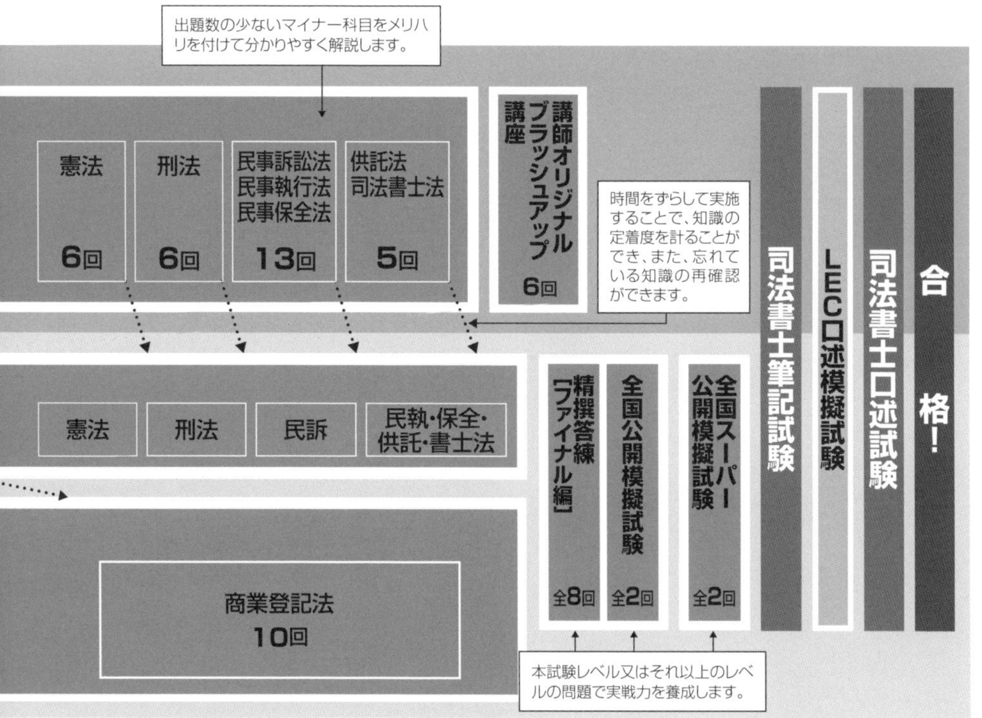

※本カリキュラムは、2023年８月１日現在のものであり、講座の内容・回数等が変更になる場合があります。予めご了承ください。

著者 根本講師も担当　司法書士講座のご案内

スマホで司法書士　S式合格講座

スキマ時間を有効活用！1回15分で続けやすい講座

講義の視聴が**スマホ完結！**
1回15分のユニット制だから**スキマ時間**にいつでもどこでも**手軽に学習可能**です。忙しい方でも続けやすいカリキュラムとなっています。
本講座は、LECが40年以上の司法書士受験指導の中で積み重ねた学習方法、短期合格を果たすためのノウハウを凝縮し、本試験で必ず出題されると言ってもいい重要なポイントに絞って講義をしていきます。

STEP	時期	講座
1st. STEP	基礎知識修得期 (INPUT)	択一式対策 **S式合格講座** 15分×560ユニット
2nd. STEP	応用力養成期 (INPUT) (OUTPUT)	記述式対策 **記述式対策講座** 15分×68ユニット
3rd. STEP	実践力養成期 (OUTPUT)	直前対策 **全国公開模擬試験** 全2回

司法書士試験

※過去問対策、問題演習対策を独学で行うのが不安な方には、それらの対策ができる講座・コースもご用意しています。

通信専用

初学者向け通信講座

こんな希望をお持ちの方におすすめ
○これから初めて法律を学習していきたい
○通勤・通学、家事の合間のスキマ時間を有効活用したい
○いつでもどこでも手軽に講義を受講したい
○司法書士試験で重要なポイントに絞って学習したい
○独学での学習に限界を感じている

過去問対策

過去問
演習講座
15分
×60ユニット

択一式対策

一問一答
オンライン
問題集

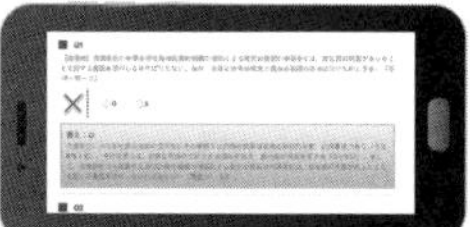

全国スーパー公開模擬試験
全2回

※本カリキュラムは、2023年8月1日現在のものであり、講座の内容・回数等が変更になる場合があります。予めご了承ください。

れっく LEC Webサイト ▷▷ www.lec-jp.com/

情報盛りだくさん！

資格を選ぶときも，
講座を選ぶときも，
最新情報でサポートします！

最新情報

各試験の試験日程や法改正情報，対策講座，模擬試験の最新情報を日々更新しています。

資料請求

講座案内など無料でお届けいたします。

受講・受験相談

メールでのご質問を随時受付けております。

よくある質問

LECのシステムから，資格試験についてまで，よくある質問をまとめました。疑問を今すぐ解決したいなら，まずチェック！

書籍・問題集（LEC書籍部）

LECが出版している書籍・問題集・レジュメをこちらで紹介しています。

充実の動画コンテンツ！

ガイダンスや講演会動画，
講義の無料試聴まで
Webで今すぐCheck！

動画視聴OK

パンフレットやWebサイトを見てもわかりづらいところを動画で説明。いつでもすぐに問題解決！

Web無料試聴

講座の第1回目を動画で無料試聴！気になる講義内容をすぐに確認できます。

れっく LEC 全国学校案内

＊講座のお問合せ，受講相談は最寄りのLEC各校へ

LEC本校

北海道・東北

札　幌本校　☎011(210)5002
〒060-0004 北海道札幌市中央区北4条西5-1　アスティ45ビル

仙　台本校　☎022(380)7001
〒980-0022 宮城県仙台市青葉区五橋1-1-10　第二河北ビル

関東

渋谷駅前本校　☎03(3464)5001
〒150-0043 東京都渋谷区道玄坂2-6-17　渋東シネタワー

池　袋本校　☎03(3984)5001
〒171-0022 東京都豊島区南池袋1-25-11　第15野萩ビル

水道橋本校　☎03(3265)5001
〒101-0061 東京都千代田区神田三崎町2-2-15　Daiwa三崎町ビル

新宿エルタワー本校　☎03(5325)6001
〒163-1518 東京都新宿区西新宿1-6-1　新宿エルタワー

早稲田本校　☎03(5155)5501
〒162-0045 東京都新宿区馬場下町62　三朝庵ビル

中　野本校　☎03(5913)6005
〒164-0001 東京都中野区中野4-11-10　アーバンネット中野ビル

立　川本校　☎042(524)5001
〒190-0012 東京都立川市曙町1-14-13　立川MKビル

町　田本校　☎042(709)0581
〒194-0013 東京都町田市原町田4-5-8　MIキューブ町田イースト

横　浜本校　☎045(311)5001
〒220-0004 神奈川県横浜市西区北幸2-4-3　北幸GM21ビル

千　葉本校　☎043(222)5009
〒260-0015 千葉県千葉市中央区富士見2-3-1　塚本大千葉ビル

大　宮本校　☎048(740)5501
〒330-0802 埼玉県さいたま市大宮区宮町1-24　大宮GSビル

東海

名古屋駅前本校　☎052(586)5001
〒450-0002 愛知県名古屋市中村区名駅4-6-23　第三堀内ビル

静　岡本校　☎054(255)5001
〒420-0857 静岡県静岡市葵区御幸町3-21　ペガサート

北陸

富　山本校　☎076(443)5810
〒930-0002 富山県富山市新富町2-4-25　カーニープレイス富山

関西

梅田駅前本校　☎06(6374)5001
〒530-0013 大阪府大阪市北区茶屋町1-27　ABC-MART梅田ビル

難波駅前本校　☎06(6646)6911
〒556－0017 大阪府大阪市浪速区湊町1-4-1
大阪シティエアターミナルビル

京都駅前本校　☎075(353)9531
〒600-8216 京都府京都市下京区東洞院通七条下ル2丁目
東塩小路町680-2　木村食品ビル

四条烏丸本校　☎075(353)2531
〒600-8413　京都府京都市下京区烏丸通仏光寺下ル
大政所町680-1　第八長谷ビル

神　戸本校　☎078(325)0511
〒650-0021 兵庫県神戸市中央区三宮町1-1-2　三宮セントラルビル

中国・四国

岡　山本校　☎086(227)5001
〒700-0901 岡山県岡山市北区本町10-22　本町ビル

広　島本校　☎082(511)7001
〒730-0011 広島県広島市中区基町11-13　合人社広島紙屋町アネクス

山　口本校　☎083(921)8911
〒753-0814 山口県山口市吉敷下東 3-4-7　リアライズⅢ

高　松本校　☎087(851)3411
〒760-0023 香川県高松市寿町2-4-20　高松センタービル

松　山本校　☎089(961)1333
〒790-0003 愛媛県松山市三番町7-13-13　ミツネビルディング

九州・沖縄

福　岡本校　☎092(715)5001
〒810-0001 福岡県福岡市中央区天神4-4-11　天神ショッパーズ福岡

那　覇本校　☎098(867)5001
〒902-0067 沖縄県那覇市安里2-9-10　丸姫産業第2ビル

EYE関西

EYE 大阪本校　☎06(7222)3655
〒530-0013　大阪府大阪市北区茶屋町1-27　ABC-MART梅田ビル

EYE 京都本校　☎075(353)2531
〒600-8413　京都府京都市下京区烏丸通仏光寺下ル
大政所町680-1　第八長谷ビル

LEC提携校

＊提携校はLECとは別の経営母体が運営をしております。
＊提携校は実施講座およびサービスにおいてLECと異なる部分がございます。

北海道・東北

八戸中央校【提携校】 ☎0178(47)5011
〒031-0035　青森県八戸市寺横町13　第1朋友ビル　新教育センター内

弘前校【提携校】 ☎0172(55)8831
〒036-8093　青森県弘前市城東中央1-5-2
まなびの森　弘前城東予備校内

秋田校【提携校】 ☎018(863)9341
〒010-0964　秋田県秋田市八橋鯲沼町1-60
株式会社アキタシステムマネジメント内

関東

水戸校【提携校】 ☎029(297)6611
〒310-0912　茨城県水戸市見川2-3092-3

所沢校【提携校】 ☎050(6865)6996
〒359-0037　埼玉県所沢市くすのき台3-18-4　所沢K・Sビル
合同会社LPエデュケーション内

東京駅八重洲口校【提携校】 ☎03(3527)9304
〒103-0027　東京都中央区日本橋3-7-7　日本橋アーバンビル
グランデスク内

日本橋校【提携校】 ☎03(6661)1188
〒103-0025　東京都中央区日本橋茅場町2-5-6　日本橋大江戸ビル
株式会社大江戸コンサルタント内

東海

沼津校【提携校】 ☎055(928)4621
〒410-0048　静岡県沼津市新宿町3-15　萩原ビル
M-netパソコンスクール沼津校内

北陸

新潟校【提携校】 ☎025(240)7781
〒950-0901　新潟県新潟市中央区弁天3-2-20　弁天501ビル
株式会社大江戸コンサルタント内

金沢校【提携校】 ☎076(237)3925
〒920-8217　石川県金沢市近岡町845-1　株式会社アイ・アイ・ピー金沢内

福井南校【提携校】 ☎0776(35)8230
〒918-8114　福井県福井市羽水2-701　株式会社ヒューマン・デザイン内

関西

和歌山駅前校【提携校】 ☎073(402)2888
〒640-8342　和歌山県和歌山市友田町2-145
KEG教育センタービル　株式会社KEGキャリア・アカデミー内

中国・四国

松江殿町校【提携校】 ☎0852(31)1661
〒690-0887　島根県松江市殿町517　アルファステイツ殿町
山路イングリッシュスクール内

岩国駅前校【提携校】 ☎0827(23)7424
〒740-0018　山口県岩国市麻里布町1-3-3　岡村ビル　英光学院内

新居浜駅前校【提携校】 ☎0897(32)5356
〒792-0812　愛媛県新居浜市坂井町2-3-8　パルティフジ新居浜駅前店内

九州・沖縄

佐世保駅前校【提携校】 ☎0956(22)8623
〒857-0862　長崎県佐世保市白南風町5-15　智翔館内

日野校【提携校】 ☎0956(48)2239
〒858-0925　長崎県佐世保市椎木町336-1　智翔館日野校内

長崎駅前校【提携校】 ☎095(895)5917
〒850-0057 長崎県長崎市大黒町10-10　KoKoRoビル
minatoコワーキングスペース内

高原校【提携校】 ☎098(989)8009
〒904-2163　沖縄県沖縄市大里2-24-1
有限会社スキップヒューマンワーク内

※上記は2024年5月1日現在のものです。

書籍の訂正情報について

このたびは，弊社発行書籍をご購入いただき，誠にありがとうございます。
万が一誤りの箇所がございましたら，以下の方法にてご確認ください。

1 訂正情報の確認方法

書籍発行後に判明した訂正情報を順次掲載しております。
下記Webサイトよりご確認ください。

www.lec-jp.com/system/correct/

2 ご連絡方法

上記Webサイトに訂正情報の掲載がない場合は，下記Webサイトの
入力フォームよりご連絡ください。

lec.jp/system/soudan/web.html

フォームのご入力にあたりましては，「Web教材・サービスのご利用について」の
最下部の「ご質問内容」に下記事項をご記載ください。

・対象書籍名（○○年版，第○版の記載がある書籍は併せてご記載ください）
・ご指摘箇所（具体的にページ数と内容の記載をお願いいたします）

ご連絡期限は，次の改訂版の発行日までとさせていただきます。
また，改訂版を発行しない書籍は，販売終了日までとさせていただきます。

※上記「2ご連絡方法」のフォームをご利用になれない場合は，①書籍名，②発行年月日，③ご指摘箇所，を記載の上，郵送にて下記送付先にご送付ください。確認した上で，内容理解の妨げとなる誤りについては，訂正情報として掲載させていただきます。なお，郵送でご連絡いただいた場合は個別に返信しておりません。

送付先：〒164-0001 東京都中野区中野4-11-10 アーバンネット中野ビル
株式会社東京リーガルマインド 出版部 訂正情報係

・誤りの箇所のご連絡以外の書籍の内容に関する質問は受け付けておりません。
また，書籍の内容に関する解説，受験指導等は一切行っておりませんので，あらかじめご了承ください。
・お電話でのお問合せは受け付けておりません。

講座・資料のお問合せ・お申込み

LECコールセンター 携帯OK 0570-064-464

受付時間：平日9：30～20：00/土・祝10：00～19：00/日10：00～18：00

※このナビダイヤルの通話料はお客様のご負担となります。
※このナビダイヤルは講座のお申込みや資料のご請求に関するお問合せ専用ですので，書籍の正誤に関するご質問をいただいた場合，上記「2ご連絡方法」のフォームをご案内させていただきます。